PUHUA BOOKS

我们一起解决问题

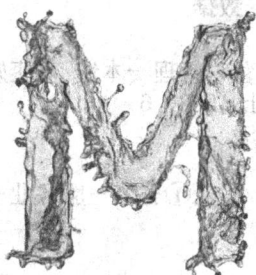

M

康妮◎著

赢在美业

美业店院运营与管理一本通

人民邮电出版社

北　京

图书在版编目（CIP）数据

赢在美业：美业店院运营与管理一本通 / 康妮著
. — 北京：人民邮电出版社，2021.6
ISBN 978-7-115-56581-5

Ⅰ. ①赢… Ⅱ. ①康… Ⅲ. ①美容－服务业－经营管
理 Ⅳ. ①F726.99

中国版本图书馆CIP数据核字(2021)第097677号

内 容 提 要

随着经济的发展和生活水平的不断提高，人们对美的需求也在日益增加，美业因此获得了快速发展。但是，当前存在着很多阻碍美业店院运营、发展及扩张的问题。美业店院如何才能解决问题，突破发展困境，从而把握巨大的市场机遇呢？

本书从美业店院存在的实际问题出发，融入了作者20多年的美业咨询与研究经验，层层剥茧，既高屋建瓴地分析了美业在新时代的万亿市场发展规模，又深度剖析了美业店院在发展壮大道路上的七大困境。与此同时，本书还提供了经过实践检验的美业店院运营实战策略，为美业店院走出困境、进行运营变革和发展壮大提供了切实可行的系统解决方案。总之，本书可以帮助有远大理想的美业店院运营者抓住机遇，突破企业发展的瓶颈，实现高增长的经营目标。

本书适合美业店院的经营者、管理者以及创业者阅读。

◆ 著　康　妮
　　责任编辑　张国才
　　责任印制　胡　南
◆ 人民邮电出版社出版发行　　北京市丰台区成寿寺路 11 号
　　邮编 100164　电子邮件 315@ptpress.com.cn
　　网址 https://www.ptpress.com.cn
　　北京虎彩文化传播有限公司印刷
◆ 开本：700×1000　1/16
　　印张：13　　　　　　　　　　2021 年 6 月第 1 版
　　字数：180 千字　　　　　　2025 年 10 月北京第 19 次印刷

定　价：69.00 元
读者服务热线：（010）81055656　印装质量热线：（010）81055316
反盗版热线：（010）81055315

推荐序一

一本写给美业的运营指南

时代的发展推动了各行各业的发展。随着人们对美的认知和需求不断提高，美业也在时代的潮流中获得了快速的发展。未来美业发展的驱动力将来自哪里？美业店院运营应该如何进行变革才能跟上行业发展的脚步？未来美业的发展趋势如何？我认为这些都是很值得我们深思的问题。

本书作者康妮是一个极具实战经验又非常善于总结、表达的美业人。我和康妮认识多年，从 2000 年到 2007 年，她曾在我们 CMM 蒙妮坦国际集团工作，是蒙妮坦产品市场运作的中国区负责人。她与我们共同经历了蒙妮坦的发展，见证了蒙妮坦的成长，同时自身也获得了极大的成长。多年来，她深扎在美业这片土壤，为几百家美业连锁品牌提供咨询服务，并且立下了"希望通过职业化教育与美业企业的咨询服务，改变美业的未来，让美业不缺亿元大企，让美业不缺职业人才"这个目标。康妮基于自己在美业的工作经历，把自己看到的、想到的、实践过的经验总结成了一个个模型和技巧，这对于美业店院运营者来说相当实用。

我在美业工作至今已超过半个世纪，从 1966 年到 2021 年，我见证了我国美业的发展从无到有、从空白到百花齐放的过程。我亲身体会到，美业从一个很多人都不屑的小行业发展成为这个时代的宠儿，成为我国第四大服务行业，发展势头高歌猛进。我从中看到了美业未来巨大的市场机会，看到了美业从业人员的新机遇。

开一家小而美的专业店

随着美业的消费主力逐渐年轻化，只提供 1 ~ 2 项专业服务的小而美的专业店逐渐成为美业店院的发展趋势。这类店院不需要很大的投入，只要技术过硬就会有不错的收入。一些在美业工作多年、技术很好的专业人士可以借助这个机会开一家属于自己的小店；还有一些希望从事美业但缺乏店院运营经验的人也可以从学习一项专业的技术开始，开一家这样的小店。

开一家连锁美容机构

开一家小店是美的，开几十家连锁店也是幸福的。如果你立志把一家店发展成为拥有几十家店的连锁美容机构，那么你就需要付出更多的努力。你不但要保证一家店赚钱，而且要让几十家店都能赚钱。你需要从如何运营管理几十家店、如何实现优秀团队和人才的复制、如何整合资源实现裂变等角度，全方位提升自己的运营管理能力。

无论你在美业的梦想是什么，你都必须提升自身运营管理一家美业店院的能力。《赢在美业》这本书集结了康妮 20 多年的美业咨询、运营管理的经验，不仅介绍了单店如何盈利，还介绍了多店连锁运营管理的方法和技巧。我相信它会成为你实现梦想的助推器。

我期待更多美业店院运营者和相关负责人能在此书的分享中有所启发，

重新认识美业，掌握美业店院的运营实战策略，为你们解决店院运营过程中遇到的问题，看到并把握住美业的发展机遇。

今后，我也期望能和各位美业同人继续携手并进，共同实现发展、壮大美业的梦想，为人民、为国家创造一个更美丽的社会！

郑明明　教授

CMM 蒙妮坦国际集团董事长

国际圣迪斯哥美容协会中国分会主席

战略与文化的双重建设

在写序之前，我认真阅读了这本书，并引发了一些思考。美业经过几十年的发展，从单一的理发和基础护肤，到如今涉及美发、美容、美体、美甲美睫、化妆、文绣等多个细分领域，同时覆盖研发、生产、流通、终端等全链条的朝阳产业。在这个过程中，美业人一直在努力构建店院的经营服务体系，但并未完善。很多人依然是摸着石头过河，对店院的管理与运营毫无章法，对战略与文化的忽视导致了经营出现瓶颈。

康妮女士是中国美发美容协会咨询培训专委会主任委员，她凭借自己多年的实践经验对美业的经营问题进行了深度剖析，用自己的智慧与汗水创作了《赢在美业》。本书通过严谨的逻辑与大量的数据和案例，向美业运营者展现了一幅生动的、极具实战价值的运营地图，为读者摆脱桎梏，拔掉藩篱。

新时代的美业人懂得运用知识的力量改变自身与企业的命运。本书通过运营管理战略与企业文化建设，重新界定店与店之间、人与店之间、人与人之间的关系，倡导正向价值观，帮助店院与员工之间达成价值观统一。这是难能可贵的！

我出身于美业世家，三代从业，对行业的感情早已血浓于水。自担任中国美发美容协会会长以来，我曾提出一个理念——美业一家亲，并一直坚持倡导至今。不仅中国美业一家亲，更要世界美业一家亲！这其中包含很多层含义：人要亲，物要亲，理念要亲，距离要亲……要实现这些，需要每一个美业人付出艰辛的努力。一个行业的基业长青，在一定程度上取决于从业者素质及队伍建设。本书的出现让我看到了中国美业人的成长和力量，同时也看到了中国美业的未来！

时值中国共产党成立 100 周年之际，我们处在最好的时代，有强大的国家作为后盾。行业的兴衰落在我们每个人、每家企业身上，每个美业人都应努力创建、传扬，成为照亮美业发展之路上的熊熊火炬。

中国美业 40 年的发展浩浩荡荡，靠什么驱动和发展？认真阅读本书，或许你会找到答案。

唐德高

中国美发美容协会会长

业美门篇
章五十第 章八第 篇一第

前　言

　　随着经济的发展和生活水平的不断提高，人们对美的需求也在日益增加，美业因此获得了快速发展。根据《2019 年美业行业发展白皮书》中的数据，美业消费人群 2017—2018 年的消费总量已达 8 500 亿元，美业从业人员总数约为 2 700 万人，机构总数量突破 250 万家，美业的市场规模预估达 1.3 万亿元。

　　从以上数据来看，美业的发展空间和机遇是巨大的。按照常规逻辑来说，美业店院运营者应该为此欢呼，庆幸自己可以在这样有利的市场环境下将店院做大做强，获取更多的利润。但是，实际情况却截然相反，我常听到的不是美业店院运营者的欢呼声，而是抱怨声。

　　"美业店院越来越难运营。"

　　"员工不好招，招来也不好管理，流失率太高。"

　　"能用的营销方法都用了，但并没有什么效果，没有顾客，没有业绩。"

"产业链上下游难以形成合力。"

......

这些抱怨的确反映了美业当前存在的问题，这些问题是阻碍美业店院运营、发展及扩张的关键性问题。如果这些问题得不到解决，那么即使美业的市场规模再大、未来的发展机遇再多，与美业店院运营者也没有任何关系。所以，美业店院要想顺利运营并发展、扩张，就要首先解决当下的各种问题，突破发展困境。

如何才能解决问题，突破发展困境，从而把握巨大的市场机遇呢？答案是掌握美业店院运营的核心逻辑。本书运用实际案例，详细、系统地阐述了美业店院运营的核心逻辑，以及相关问题的解决方案和策略。本书对以下四大方面进行了具体的分析。

首先，本书通过对美业的概念、运营本质、技术变革、经济消费、顾客群体、政策法规及企业竞争等相关情况的介绍，让读者重新并深刻地认识美业，从而能够更好地把握美业店院运营的核心逻辑。

其次，本书通过解析美业店院运营面临的困境，让读者知道可以从哪些方面入手解决问题；如何通过激活运营者、赋能高管，帮助店院把握更多发展机遇。

再次，本书从店院定位、现有店院赋能、打造新店运营样板三个角度，为美业店院提升单店盈利能力及打造样板提供了解决方案；并且从美业店院的商业模式构建与顶层设计、组建专业的核心高管团队与部门、制定店院运营机制与运营管理手册三个角度，重点阐述了如何打造店院总部及如何进行区域建模。

最后，本书分析了美业店院实现多店连锁运营的三种方式：团队复制、区域复制和应用高科技，以及美业店院的裂变方式，包括资本整合模式、人力资源整合模式、上下游资源整合模式，为美业店院运营者提供了指导。

　　总之，本书旨在帮助美业店院运营者或相关负责人重新认识美业，并掌握美业店院运营的核心逻辑；希望在运营店院的过程中遇到问题或想迅速扩张店院的读者能找到自己想要的答案。

目　录

第 1 章

认识美业店院运营的核心逻辑

美业店院在运营发展过程中遇到的很多问题其实是运营者自身的认知问题。例如，很多人认为美业只是为顾客提供整形、护肤等美容服务，进入门槛低，可以赚很多钱……在这样的认知下贸然进入美业显然是有风险的。所以，美业店院的运营者要想顺利进入美业并将自己的店院做大做强，首先要解决基础问题，重新深刻地认识美业。

✤　　♣　　♣

概念解读：重新认识美业

《2020 年中国医疗美容行业洞察白皮书》显示，2019 年中国医疗美容市场规模达 1 976 亿元，具备医疗美容资质的机构约为 13 000 家。根据美业通数据服务中心测算，未来中国医疗美业的发展将更迅速，年均复合增长率将在 20% 以上。

这些数据意味着美业拥有众多的市场机会，那么美业店院的运营者如何才能把握这些机会呢？

在传统的观念里，人们认为美业可能就是整形、护肤。但实际上，新时代的美业不仅仅包括整形、护肤，还有更丰富的内容和形式。所以，美业店院运营者要想把握美业的市场机会，首先应重新认识美业。

根据社会上的广泛认知，我们可以将美业大致分为四个类别：生活美容、专业美发、医疗美容和美容"大健康"，如图 1-1 所示。

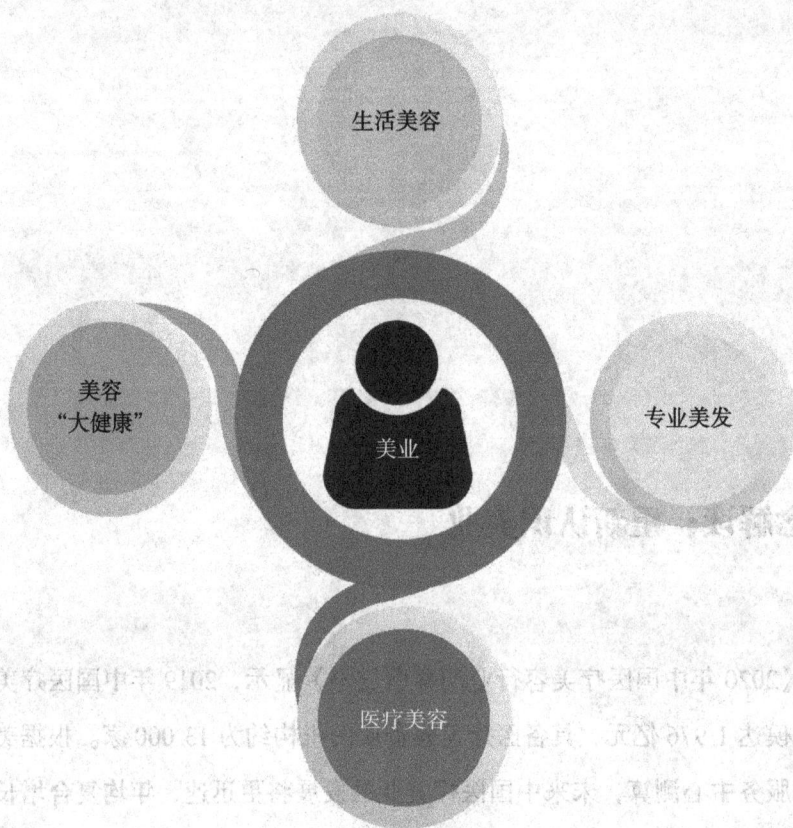

图 1-1　美业的四个类别

生活美容

　　生活美容是指运用化妆品、保健品和非医疗器械等非医疗性手段对人体进行护理、保养、保健等。生活美容对美容产品与美容服务的依赖性较强，强调日常持续保养。

　　生活美容又可以分为护理美容与修饰美容两大类别，如图 1-2 所示。

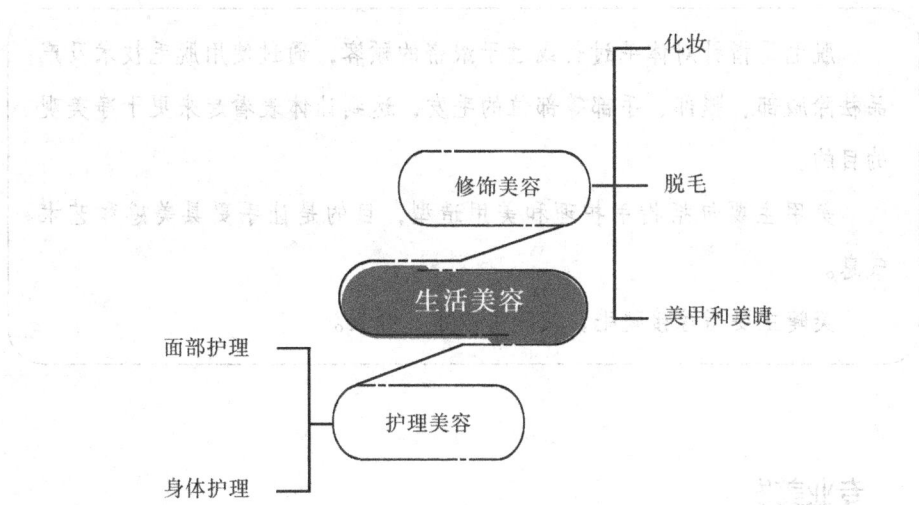

图 1-2　生活美容的分类

（1）护理美容

护理美容具体可分为面部护理和身体护理。

> 面部护理包括面部基础护理和面部特殊护理，前者包括常规面部、眼部和颈部护理等，后者包括美白护理、补水护理、面部芳香护理、头面部经络护理、面部抗衰护理及斑痘处理等。
>
> 身体护理包括日常养生调理、脊椎保养及美体塑形等。

（2）修饰美容

修饰美容主要包括化妆、脱毛及美甲和美睫三个类别。

> 化妆大致分为化生活妆、新娘妆和时尚创意妆。生活妆是指比较自然、真实的日常妆容；新娘妆是指为即将结婚的顾客定制的妆容；时尚创意妆是指根据顾客的个性化需求定制的妆容，如宴会妆、主题派对妆等。

脱毛是指针对体毛过长或过于浓密的顾客，通过使用脱毛技术及产品祛除腋部、腿部、手部等部位的毛发，达到让体表看起来更干净美观的目的。

美甲主要包括指甲护理和美甲造型，目的是让手更具美感和艺术气息。

美睫主要指嫁接睫毛，使睫毛浓密、纤长。

专业美发

专业美发主要分为头发护理、头发造型、植发三个类别，如图 1-3 所示。

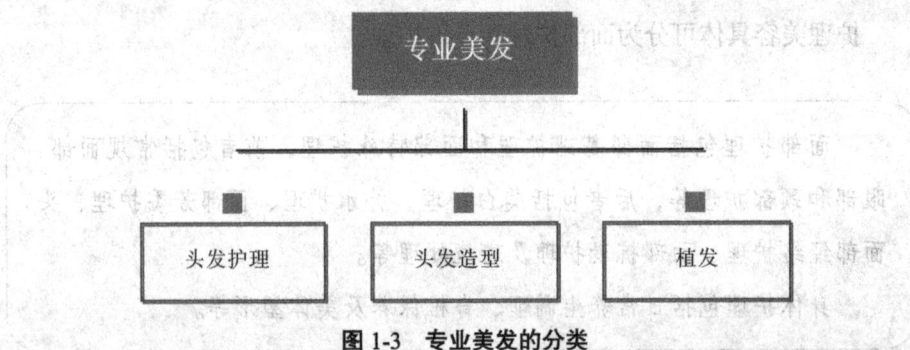

图 1-3　专业美发的分类

头发护理主要包括油性发质护理、修复分叉、加固发根、科学造发等。

头发造型主要包括洗、剪、吹、烫、染、拉等。

植发主要包括各种部位的毛发种植（发际线、鬓角、美人尖、胡须、眉毛及睫毛等）、疤痕种植（头部皮肤受损）、稀疏加密（头发稀

少、密度不高）、植发失败修复（对植发效果不满意者）及防止脱发等
五种类型。

当前植发已成为专业美发中的一项重要内容。2019 年对脱发人群进行的一项调查显示，我国脱发人数已经超过 2.5 亿，而且这个数字还在持续增长。也就是说，植发项目存在很大的市场空间。因此，美业店院需要对此予以关注。

医疗美容

医疗美容是指通过手术、药物、医疗器械等侵入性医疗手段对人的容貌、形体等进行维护、修复和再塑。近年来，我国医疗美容市场发展迅猛，受到越来越多求美者的青睐，成为时尚的"宠儿"。

根据服务内容的不同，医疗美容主要分为以下四个类别，如图 1-4 所示。

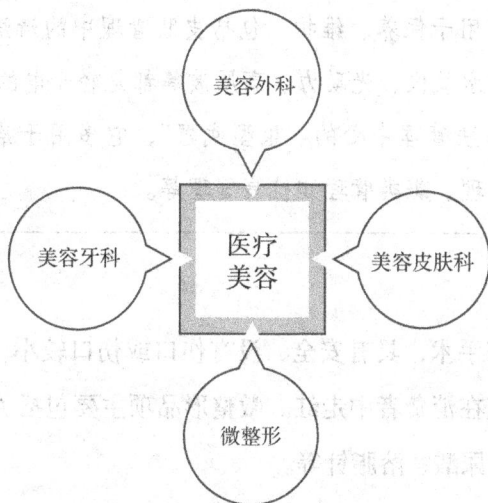

图 1-4　医疗美容的分类

（1）美容外科

美容外科包括五官美容和身体美容。

五官美容主要是指通过手术的方式对五官进行精雕及美化，如脸廓整形、鼻部整形、眼部整形、口唇整形及耳部整形等。

身体美容主要是指通过手术的方式对身体部位和形态进行美化，如胸部整形、吸脂瘦身等。

（2）美容皮肤科

美容皮肤科主要是指以物理技术（光、电、声波技术等）对皮肤进行管理，缓解皮肤症状和问题，还肌肤健康与美丽。随着"轻医美"理念的普及，光电美容治疗越来越受到消费者的欢迎。光电美容医疗仪器主要分为轻光电和重光电。

轻光电主要用于保养、维护，包括皮肤管理中的清洁管理和毛孔管理，如小气泡、水氧仪、光动力、高周波等都是轻光电的代表。

重光电是皮肤管理中心的"重型武器"，它多用于治疗，包括皮肤管理中的痘痘管理、斑类管理和抗衰管理等。

（3）微整形

微整形因无需手术，具有安全、没有伤口或伤口较小、恢复期短、效果较好等特点，迅速在消费者中走红。微整形品项主要包括 A 型肉毒素除皱和瘦脸、美白针、玻尿酸、溶脂针等。

此外，不得不重点提一下近年来美业的热销项目——纹绣美容，其包括纹眉、纹身、漂唇及艺术纹绣等。纹绣美容需要对皮肤进行微创伤性着色，但目前业界并没有明确界定它属于医疗美容还是生活美容。这里，我们将它归属于医疗美容。

（4）美容牙科

美容牙科主要是指对牙齿进行护理及美化，分为牙齿美容修复、牙周美容和牙合畸形美容矫治三种类型。

> 牙齿美容修复包括牙齿形态修整、牙齿漂白、复合树脂粘结修复、瓷贴面修复等。
>
> 牙周美容包括洁治术、牙龈切除术、牙龈成形术、牙冠延长术、根尖复位瓣术、侧向转位瓣术等。
>
> 牙合畸形美容矫治包括错牙合畸形的诊断、分类和矫治设计，常见错牙合畸形的矫治、正颌外科病例的正畸矫治、活动性矫治器矫治等。

美容"大健康"

美容"大健康"是指围绕人的衣食住行、生老病死，对生命实施全程、全面、全要素的呵护，既追求个体生理、身体的健康，也追求心理、精神等各方面的健康。

在美业中，健康、养生的概念正逐步普及并成为行业发展的主流理念。美业店院开始向健康产业转型，主要集中在健康管理产业板块，从常规的美容护理升级为养生调理与体质调理，从面部保养升级为"颜值"综合管理，从日常护理产品升级为科技护理产品。美业从业人员的角色也从美容技师向健康管理师转变。

从美业的发展趋势看，美容和"大健康"产业的融合将形成下一波经济红利。所以，美业创业者或运营者只有搭上"大健康"产业这辆"顺风车"，才能更好更快地向前发展。

运营本质：回归美业的基本商业逻辑

营销专家刘润曾说过，商业的基本因素有五个，分别是客流量、转化率、客单价、复购率和转介绍率。但是，大部分美业店院的运营者只关注其中两个因素——转化率和客单价，即不断地销售产品和服务，以及在同一个顾客身上不断深挖利润。实际上，对于美业来说，能够更好地促进美业不断发展的是客流量、复购率和转介绍率。

客流量是指单位时间内进入某个店院的人数，这是反映该店院人气和价值的重要指标。一般而言，客流量越大，店院的人气就越高，能够获得的利润就越高。

复购率即重复购买率，是指顾客重复购买某款产品或某项服务的次数。复购率越高，说明顾客的忠诚度越高，黏性越强。

转介绍率是指老顾客向新顾客推荐店院及店内的产品或服务的比率。转介绍率越高，客流量越大。

所以，美业店院的运营除了要关注转化率和客单价，还要关注客流量、复购率和转介绍率。影响后三个商业因素的关键是店院的产品或服务的效果及顾客的感受。产品或服务的效果与从业人员对顾客需求的满足程度及专业程度息息相关；顾客的感受除了受服务场景的影响，还受从业人员的服务态度与服务水平的影响。所以，美业的基本商业逻辑归根结底就是服务好顾客，让顾客感到满意并愿意帮助店院对外宣传。

技术投入＞销售投入：技术是美业的根，根深才能树大

大多数美业店院采取的仍然是传统的运营模式，通过快速获取客流量和增加充值卡的金额实现短期获利。这种运营模式的销售投入大于技术投入，属于只能获得眼前利益的短视行为，而且很可能断送美业店院未来的发展前途。所以，美业店院要想获得更好的发展机遇，应当在技术上投入更多。

美业其实是一个帮助顾客解决问题的行业，而解决问题的关键是技术。

> 周女士因为经常加班熬夜，脸上长了很多粉刺和痘痘。为此，她去一家美容店做了相关咨询。美容店的店员首先用专业的仪器对她的脸部皮肤做了检查和分析，然后根据分析结果为她定制了有针对性的治疗方案。在治疗过程中，店员专业的面部护理手法不但帮助周女士缓解了症状，还改善了周女士的皮肤状态。3个月后，周女士的脸部状况有所好转。

案例中，专业的仪器、有针对性的治疗方案、专业的面部护理手法等均体现了该美容店在技术方面的优势。如果周女士花了很多时间和金钱，但是问题并没有得到解决，最终结果会如何？很简单，她不会再去那家美容店消费，甚至会让身边的人也不要去。由此可见，专业的技术才是美业发展的根基。

美业店院在技术上的投入主要分为两个方向：一个方向是专业品项的引进（包括产品与项目），另一个方向是专业技术人才的培养。

专业品项主要是指专业的护理项目以及和美容护理相关的家居产品，如面部护理项目、身体护理项目、面部美容家居产品、身体美容家居产品等。美业店院在引进专业品项时要选择质量好、品牌影响力大、科技含量高的护理项目与美容家居产品，这决定了店院的客流量。

除了引进专业品项之外，美业店院还要打造专业的技术团队。从业人员只有够专业，才能更好地让顾客体验到项目、产品的专业性及服务的高水准。因此，美业店院要注重对专业技术人才的培养。

美业店院对人才的培养主要分为三个方面，如图 1-5 所示。

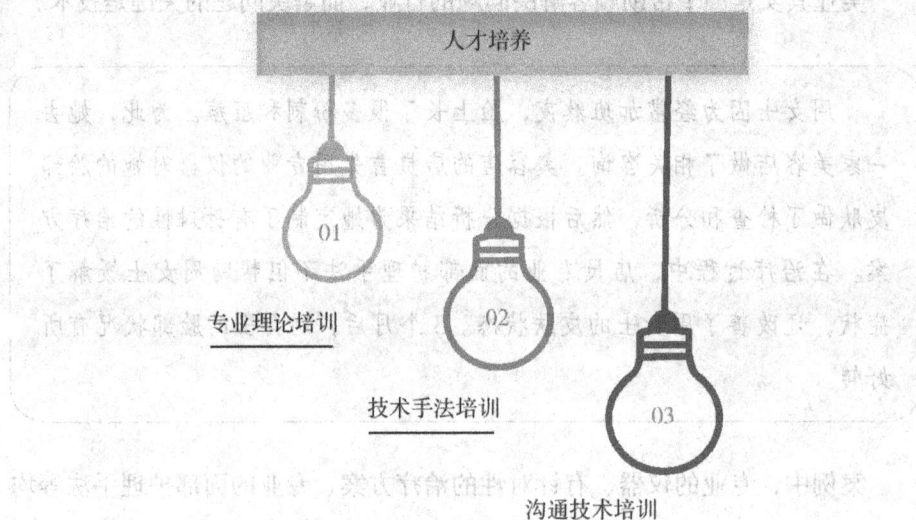

人才培养

01 专业理论培训

02 技术手法培训

03 沟通技术培训

图 1-5　美业店院对人才的培养

（1）专业理论培训

专业理论培训包括两个方面：一是美业店院的技师在上岗之前需要考取相关资格证书，因此需要培训与资格证书考试相关的知识，包括如何护理面部皮肤及身体部位等；二是针对新引进的品项进行培训，提供该品项的厂商会从本店院引进的产品或项目出发，对技师进行产品或项目的专业理论及相关手法的培训与考核。

（2）技术手法培训

技术手法培训主要是指针对岗位需求与品项特征，对技师进行分层分级培训和考核，其中包括美业从业知识、护理手法、美容仪器使用方法的培训与考核等。

（3）沟通技术培训

沟通技术是指技师在为顾客提供服务时，要用专业的语言与顾客沟通，包括护理过程中的每一个步骤为什么要用这样的产品、会产生什么样的效果、能解决顾客的哪些问题等都要向顾客说清楚。无论是面部护理还是身体护理，技师都要在护理的过程中找到 3 ~ 5 个部位让顾客感受护理前后的变化并向顾客说明产生变化的原因，让顾客能直观地感受到护理的效果，同时让顾客感受到技师的专业。

美业是一个依靠专业技术解决顾客在变美的路上遇到的各种问题而赢得顾客的尊重与信赖的行业，而不是一个只会销售产品与服务的行业。所以，美业店院运营者应当学会返璞归真，把专业技术放在店院运营的第一位。

服务＞业绩：服务为本，开启体验服务新时代

美业店院要想健康长久地运营下去，就必须提高服务质量，把打造良好的顾客体验作为改善服务的标准。具体来说，美业店院应做好以下两点。

一是亲身体验。美业店院的每一位运营者和从业人员都应该把自己当作顾客，亲身感受和体验品项的效果及店院的整个服务环节和流程，确保每个环节的体验感都是最优的。

二是增强员工归属感。服务是由员工提供给顾客的，所以，美业店院要想带给顾客更好的服务和更好的消费体验，就要做好员工管理，增强员工的归属感。例如，设置关于顾客满意度的内部员工奖惩机制，注重对员工进行

职业技能和职业素养的培训等。

要想开启体验服务新时代，美业店院的运营者需要从以下两个方面着手。

（1）给顾客"不一样"的感觉

给顾客"不一样"的感觉主要体现在为顾客提供"不一样"的服务。

首先要因"人"而异。每个顾客对美的理解和需求都不一样，所以需要的产品和服务也不一样。因此，美业店院的员工应当学会与顾客进行深入沟通，全面了解顾客的需求，然后为顾客推荐相应的产品或项目，实现差异化服务。这样做的目的是让顾客产生"只有我才能享受这样的服务"的感觉，进而提高顾客的黏性和忠诚度。例如，对于刚毕业、初入社会的职场女性与工作了2~3年的职场白领女性以及店院的大顾客，我们应当根据她们的不同需求推荐适合她们的护理项目与美容家居产品，最终实现满足"千人千面"或"一人千面"的不同需求的目标。

美业店院提供因"人"而异的差异化服务，其实就是实现产品和项目价值的最大化。这样既能留住顾客，也能有效提升美业店院的业绩。

其次要因"店"而异。不同店院的顾客群体存在着差异。所以，店院的运营者应当根据店院及核心顾客群体的特点提供差异化服务。具体而言，就是要深入分析本店核心顾客群体的需求和消费特点，然后提供与其匹配的产品和服务。例如，某美容店想主营针对职场女性顾客的服务，那么就应该在办公楼附近、职场女性出入频繁的场所进行选址。美容店的装修设计、品项都要符合职场女性的需求。

对于美业店院来说，只有打造具有特色的服务才能真正做到差异化服务，让店院拥有核心竞争力。

（2）建立完善的跟踪服务体系

跟踪服务做得好，不但能够有效提升顾客复购率和转介绍率，而且能够有效避免顾客流失。因此，美业店院的运营者应当把眼光放得更加长远，建立完善的跟踪服务体系。例如，建立新顾客的跟踪服务、大顾客的个性化跟踪服务等。

美业店院的运营者必须明白，顾客追求更高质量的产品或服务、更优质的体验，并不意味着他们很难"伺候"。换个角度看，顾客对价格的敏感度在下降，对体验的敏感度在上升。所以，对于美业来说，打价格战的野蛮发展模式正在成为过去，未来是以技术和服务取胜的时代。

运营者唯有不忘初心，回归美业的基本商业逻辑，把专业技术和高质量的服务放在第一位，才能吸引更多新顾客、留住更多老顾客。

技术变革：数字化＋智能化＋平台化

新技术的发展给各行各业带来了巨大的冲击和挑战，同时也带来了很多发展机遇。在这样的时代背景下，谁能够直面挑战、抓住技术变革的机遇，谁就有机会突破行业的发展瓶颈，快速成长。

对于美业店院的运营者来说，看到、抓住新技术带给美业发展的机遇是迈向成功至关重要的一步。数字化、智能化、平台化技术给美业带来的变革如图 1-6 所示。

数字化：大数据颠覆拓客模式

《2019 年美业行业发展白皮书》中的数据显示：美业门店倒闭率达到了37.6%。在调研的 250 万家美业门店中，94 万家已经倒闭，剩下的 156 万家

数字化
大数据颠覆拓客模式

智能化
人工智能颠覆服务模式

平台化
平台化运营颠覆运营管理模式

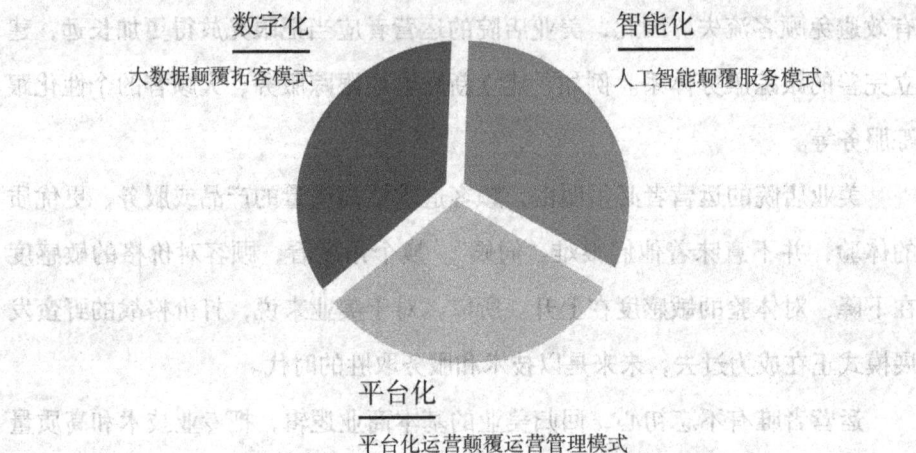

图 1-6　美业技术变革

中有 50 万家尚有发展机会，20 万家的运营状态尚可，还有 86 万家处于倒闭边缘，发展前景堪忧。

我们深入分析报告会发现，美业店院大量倒闭的原因除了外在的市场环境出现变化之外，根源主要在于美业店院拓客难。

如何解决拓客难这个问题？答案是利用大数据技术颠覆、升级美业店院的拓客模式。

大数据是指无法在一定时间范围内用常规软件捕捉、管理和处理的数据集合，是需要新模式处理才能具有更强的决策力、洞察发现力和流程优化能力的海量、高增长率和多样化的信息资产。大数据技术是指涵盖各类大数据平台、大数据指数体系等的大数据运用技术。很多大企业已经开始"拥抱"大数据技术，借助大数据技术迅速扩张，并因此获利。

国内美业移动互联网专家"美丽加"曾对美容店在线搜索、到店消费的距离情况进行调查研究。调查结果如图 1-7 所示。

在线搜索的距离

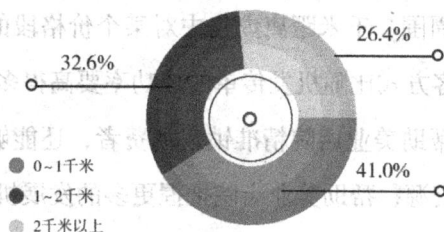

26.4%

32.6%

41.0%

● 0～1千米
● 1～2千米
● 2千米以上

到店消费的距离

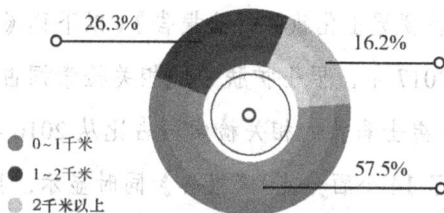

26.3%

16.2%

57.5%

● 0～1千米
● 1～2千米
● 2千米以上

图 1-7　美容店在线搜索、到店消费的距离情况

在线搜索数据显示，消费者在线搜索周边美容店时，有 41% 的消费者会将 0～1 千米距离作为搜索和查看的条件，32.6% 的消费者会选择 1～2 千米的距离，只有 26.4% 的消费者会选择 2 千米以上的距离。也就是说，搜索半径在 2 千米以内的消费者达到了 73.6%。

到店消费数据显示，57.5% 的消费者会选择到 0～1 千米距离内的美容店进行消费，26.3% 的消费者会选择到 1～2 千米距离内的美容店消费，只有 16.2% 的消费者选择到 2 千米以外的美容店消费。也就是说，到店消费距离在 2 千米以内的消费者达到了 83.8%，远超同距离在线搜索的消费者所占的比例。

从"美丽加"的研究数据可以看出，美业店院的消费者（线上＋线下）

主要集中在店院周围 2 千米以内。对此,我们可以结合项目类别、消费价格等数据为美业消费者进行画像。明确消费者画像后,我们便可以实现针对性拓客。例如,在店院周围 2 千米距离内集中对某个价格段的产品或服务进行宣传。使用这样的拓客方式比随机发传单的成功率要高得多。

大数据不仅可以帮助美业店院精准锁定消费者,还能够深度洞察市场趋势,整合行业的优势资源,帮助美业店院把握更多的发展机遇和空间。

> 百度基于 2017 年 4 月至 2018 年 3 月男士化妆品搜索关键词的搜索量发布了《2017 年百度男士化妆品行业报告》(以下称《报告》)。《报告》提供的数据显示:2017 年,男士护肤领域相关检索词占比较 2016 年增长了 6%,占 81%;男士彩妆的相关检索词占比从 2016 年的 5% 提升到了 19%,同比增长了 14 个百分点。《报告》同时显示,男士基础护理的搜索量占比 23%,同比增长 24%;男士洁面的搜索量占比 92%,同比增长 24%。我们从这些数据可以分析得出这样的结论:男性已经越来越注重护肤,而且随着男性消费需求的增长,男性的美业消费趋势已经出现,未来"他经济"将成为美业经济增长的一大核心力量。

数据背后不仅有过去的成绩、当下的形势,还有未来的趋势。所以,美业店院的运营者不但要主动了解大数据技术,还要尝试将大数据技术应用到店院运营中,逐步实现店院运营的数字化变革。

智能化:人工智能颠覆服务模式

美业在发展壮大的路上始终面临着一个问题:服务模式落后。美业店院的传统服务模式是以技师提供服务为主,因此常常会出现不同的技师带给顾客的效果与感受也不同的现象。这很难满足互联网时代年轻人群对于见效快、时间短、体验感好的需求。人工智能时代的来临将颠覆传统的美业服务模式，不但可以给顾客带来新鲜感和科技体验感，而且可以提升服务效率与服务效果。

2016年5月18日，欧莱雅集团在第二十一届中国美容博览会上宣布，旗下首款，同时也是美妆行业首款理肤泉UV紫外线感应贴（My UV Patch）正式登陆中国市场。

该产品模仿人体皮肤，通过实时监测和针对性地推送防晒方案，帮助顾客避免紫外线伤害。当紫外线照射顾客的皮肤时，产品中含有的光敏感染料会使贴片变色。UV紫外线感应贴会根据紫外线照射剂量的大小呈现出不同的颜色。同时，该产品对应的应用程序还会根据顾客提供的肤质、光反应分型等数据为其推送个性化的防晒建议。

理肤泉的UV紫外线感应贴可以说具备了"贴身护肤小管家"的作用，能够给顾客带来贴心、便捷的服务，提升顾客的体验感。如果美业店院能够引进类似的智能化服务仪器，那么不仅能够极大地满足顾客的内心诉求、提升其体验感，还能减轻技师的工作负担，提高美业店院的运营效率。

除了常见的智能仪器之外，一些高端的化妆品品牌也开始尝试把人工智能技术应用到产品的研发、销售和体验环节。

2018年3月16日，欧莱雅集团宣布收购加拿大美妆数字技术公司ModiFace的所有股份。

ModiFace由Parham Aarabi于2007年在加拿大多伦多创立，该公司致力于将增强现实及人工智能技术应用于美妆行业，已经推出3D虚拟试妆（如口红、眼影等）、皮肤诊断等多个美妆增强现实技术，并与丝芙兰、封面女郎、雅诗兰黛等多家美妆品牌和零售商达成了合作。该公司共有近 70 名工程师、研发人员，已经发表了 200 多份科学研究成果，注册了 30 多项专利。

欧莱雅集团希望通过此次收购，将 ModiFace 极具创新性的技术用于改善旗下多个国际品牌的美妆体验。

欧莱雅集团对人工智能技术的运用，预示着未来的美业店院运营会更加智能化，越来越多的顾客也会更倾向于选择智能化、便捷化的服务模式。

平台化：平台化运营颠覆运营管理模式

许多美业店院运营者认为，平台化运营是互联网企业才需要考虑的事情，如淘宝、京东这些线上购物平台采取的就是平台化运营模式。实际上，传统的实体企业更需要用平台化运营方式突破资源和地域的限制。对于美业店院来说，平台化运营将颠覆传统的运营管理模式，带来更多的发展机遇。

平台化运营比较成功的当属小米公司。

小米公司的平台化运营做得如此成功，得益于其构建的四层生态链。

最核心层：手机制造，如屏幕、电池、显示器主板、玻璃、陶瓷外观等。

核心层往外：手机周边，如蓝牙耳机、迷你音箱、移动电源、小米手环、电池、手机壳、插线板等。

核心层再往外：智能硬件，如笔记本电脑、空气净化器、净水器、剃须刀、电饭煲、无人机、机器人、平衡车等。

最外层：生活耗材，如毛巾、牙刷、箱包、文具等。

小米生态链的中心思想是围绕零售获取的顾客群体开发他们感兴趣的产品。同一个顾客可能会关注的、与小米品牌匹配的产品，都有机会加入小米生态链。简单来说，小米生态链模式其实就是为了向顾客提供更多满足其需求的产品或服务，进而获取更多的销售收入。

在这个生态链中，小米公司不再是一家独立的公司，而是一个平台。它并没有开设更多工厂或者公司来生产、销售生态链中的产品，而是通过投资、合作等方式实现连接，以"舰队"形式协同发展。

美业店院的规模普遍不大，所以这方面成功的案例还不多，大家都还在尝试阶段。然而，所有平台化运营的前提都是围绕顾客的综合需求来赋能、整合及协同合作，而不是全部由自己运营。美业店院进行平台化运营首先要做的就是打通产业链，借助平台的力量连接供应商、经销商、顾客甚至竞争对手以寻求合作，形成一种平台化的、开放的运营模式。一旦成功打通产业链，美业店院就不再是孤军奋战，而是可以通过内外部资源的整合，实现店院和店院、店院和顾客一同共创价值、共享成果。

总体来说，新技术的发展为美业店院带来了巨大的机遇。美业店院的运营者要想抓住这些机遇，不仅要主动了解、掌握、应用这些技术，还要努力尝试借助这些技术对店院的运营管理模式进行变革。

经济消费：消费升级引爆美业消费新业态

消费升级是指在消费水平和消费质量提高的基础上消费结构不断合理优化，消费需求不断由低层次向高层次发展变化。例如，过去人们到美容店消费更多考虑的可能是"我需不需要""价格合适不合适"等问题；消费升级之后，人们再到美容店消费更多考虑的可能是"效果好不好""环境舒适不舒适""服务态度好不好"等问题。

随着消费的升级，消费者的消费需求与消费特点也发生了巨大的改变，总体消费结构呈现出从生存型消费转向服务型消费的特征。消费者的具体表现是注重品质、追求新颖、崇尚品牌态度、突出个性、注重情感与直觉、注重健康与运动、喜欢体验性消费与移动支付等。

消费升级是全方位、全领域的，对美业市场同样产生了巨大的影响，甚至引爆了美业的消费新业态，其中有五个消费新业态值得美业店院的运营者重点关注，如图 1-8 所示。

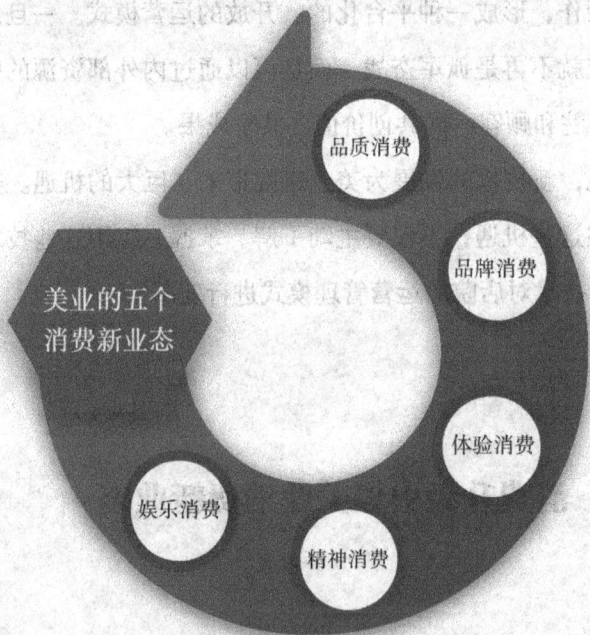

图 1-8 美业消费的新业态

品质消费

在新的消费理念中，消费者的消费决策天平的支点开始偏移，逐渐从产品消费向品质消费升级。

伴随着我国经济的飞速发展和居民收入水平的不断提高，人们逐渐开始关注品质并愿意为品质买单。尤其是随着消费能力的提升，28 ~ 50 岁的中产女性更是成为品质消费的中坚力量，自身的实力和品位使她们更愿意为品质生活买单。

据全球最大的管理咨询、信息技术和业务流程外包跨国企业埃森哲统计，2018 年中国中产女性消费时关注的因素占比从低到高分别是价格（30.5%）、品牌（30.5%）、需求程度（43.3%）、品质（46.3%）、性价比（46.6%），如图 1-9 所示。

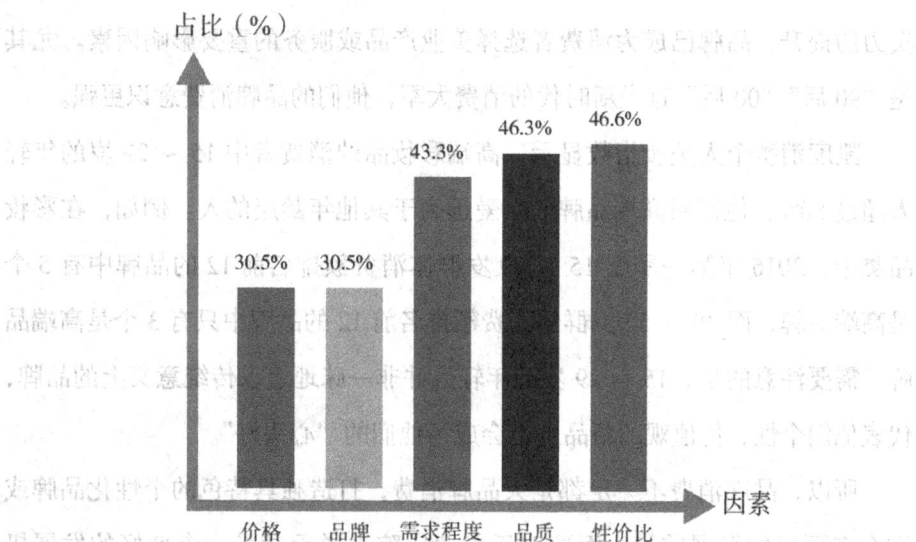

图 1-9　2018 年中国中产女性消费时关注的因素占比情况

对于以中年女性为主要消费群体的美业店院来说，想要获得更好、更长久的发展，就必须注重提升产品和服务的品质。在消费者可承受的价格范围内，美业店院应当向消费者传达"改善形象、提高生活品质"的消费理念，从而紧紧抓住注重品质的消费群体，增强店院的市场竞争力。

品牌消费

在 2 018 品质消费高峰论坛暨"锐品牌 20"颁奖盛典上，网易严选公关总监朱艳莹分享了她对消费升级时代的展望："这是一个消费升级的时代，'新中产'和'90 后'正成为国内消费市场的主力军和新引擎，他们对消费的认知不再盲从，对品牌与品质的诉求变得愈发成熟。"

这一点在美业领域表现得同样明显。过去，消费者由于自身经济能力有限或缺乏品牌认知，所以并不熟悉美业产品或服务的品牌概念。但是，随着美业市场的快速发展和越来越多的大品牌涌入市场，再加上消费者自身经济实力的提升，品牌已成为消费者选择美业产品或服务的重要影响因素。尤其是"90 后""00 后"这类新时代的消费大军，他们的品牌消费意识更强。

凯度消费个人美妆指数显示，高端彩妆品的消费者中 15 ~ 29 岁的年轻人超过 50%，他们对高端品牌的热爱远高于其他年龄层的人。例如，在彩妆品类中，2016 年第一季度 15 ~ 29 岁群体消费额排名前 12 的品牌中有 5 个是高端品牌，而 30 ~ 54 岁群体消费额排名前 12 的品牌中只有 3 个是高端品牌。需要注意的是，15 ~ 29 岁的年轻人并非一味地追求传统意义上的品牌，代表他们个性、价值观的新品牌也会成为他们的"心头好"。

所以，品牌消费不一定都是大品牌消费，打造独具特色的个性化品牌或许会有更好的发展前景。而这对于美业店院来说无疑是一个良好的发展机遇。即使美业店院的规模不是很大、经济实力不是很强，很难撼动大品牌的市场地位，也可以凭借细分化市场定位、个性化设计实现品牌突破，抓住独属于自己的忠诚粉丝群。

体验消费

体验消费是以消费者和消费者体验为核心的一种消费模式——根据消费者对产品或服务的诉求设计一种情境，力求让消费者在情境中体验产品或服务的美妙之处。也就是说，体验消费更注重消费者的参与、体验和感受。

知名手工制作品牌优加手作就因体验消费而深入人心。优加手作是一个综合性的手工制作品牌，融合了多种创意手工制作项目，如手工制作蜡烛、手工制作香皂、手工制作布艺、手工制作抱枕等。优加手作旨在让每一位消费者都能自制自己想要的产品，注重改善消费者的参与感，因此受到消费者的热烈追捧。

为什么消费者愿意去优加手作消费？关键在于消费者能够体验手工制作自己想要的产品的整个过程。对于以实体店消费为主要形态的美业来说，未来制胜的关键必然在于体验。打造集休闲、娱乐、运动、保养、美容于一体的消费体验，或许将成为美业店院未来破局的关键。

精神消费

随着时代的快速发展和经济水平的快速提升，人们逐渐转变了传统的"吃得饱""买得值"的消费观念。消费者不再只是为了满足基本需求而消费，而是开始追求融合生活美学和独特体验的优质内容，更愿意为一种美好的情怀和精神买单。

梁宇亮在《商业模式4.0》一书中提到，"在新的消费理念中，消费购物渐渐被视为一种精神上的享受，集休闲、娱乐、文化为一体的精神享受过程。"例如，消费者到美容店做了一段时间的皮肤护理之后，因自己的皮肤状态越来越好而感到更加自信，心情也随之变得愉悦。这就是典型的精神消费。

随着时代的发展，去美业店院消费正在成为人们娱乐放松的一种方式。所以，未来美业店院无论是在运营模式还是产品模式上，都要注重满足消费者的精神需求。店院在定位、装潢及产品的研发与包装方面，应尽可能地融入情感色彩，为消费者提供人性化的、能满足其精神需求的产品和服务，打造有温度、有情感的企业。

娱乐消费

互联网时代，消费者常因追求快乐、娱乐而消费。关于这一点，我们从网红经济、粉丝经济、网红店的兴起可见一斑。

《2019年淘宝直播生态发展趋势报告》中的数据显示，淘宝直播平台2018年月活用户同比增长100%，每月有超过400个直播间的销售额超百万元，全平台直播带货超千亿元。这个千亿级市场的背后是网红经济的力量。网红经济除了在线上的社交平台、直播、游戏、电商等领域发力之外，也逐渐渗透到线下实体店，如网红店的兴起。网红经济正是娱乐消费这一消费新业态的体现。

美业也应当搭上娱乐消费的"顺风车"，转变思维，为美业店院运营注入"娱乐"的力量。例如，创办网红美容店、拍短视频、开通直播等，吸引年轻消费群体的目光，让美容也成为一种时尚。

随着消费升级，人们的消费进一步向品牌化、品质化集中，他们更愿意购买体验好、能带给自己精神享受的产品。美业店院要想抓住消费升级背景下的机遇，就要重点关注以上五个消费新业态，有序稳步地向前迈进。

顾客群体：年轻女性消费群体崛起，"他经济"到来

一般来说，美业的核心女性消费者的年龄在 25 ~ 50 岁，而随着美容消费观念的改变，越来越多的年轻女性消费者开始关注美容。随着年轻女性消费者逐渐长大、消费能力得到提升，这个消费群体在美业市场的消费潜力将会非常大。

与此同时，男性美容时代也正在到来，越来越多的男性开始接受和走入美业店院。

《2018 中国男士美妆护肤消费趋势报告》显示，2017 年 8 月至 2018 年 7 月近一年时间内，男士护肤市场规模突破 30 亿元。前瞻产业研究院发布的《中国护肤品行业产销需求与投资预测分析报告》显示，88% 的男性认为护肤应该作为日常护理对待，其中提高颜值以提升自身形象是男性护肤的主要动力。由此可见，男性对外貌的关注度正在提高，男性美容消费正在打破传统的女性美容消费模式。

虽然从整体上看，男性在美业市场上仍然属于少数群体，但是他们愿意投入的资金比例比女性更高。《新氧 2019 年医美行业白皮书》中的数据显示，男性消费者在医美领域的平均客单价为 7 025 元，是女性的 2.75 倍。

从以上数据可以看出，"他经济"将成为美业市场的新风口。

对于美业店院的运营者来说，如果抓住了年轻女性消费群体和男性群体的需求，几乎就等于抓住了未来 10 ~ 20 年的发展机会，相应的策略如图 1-10 所示。

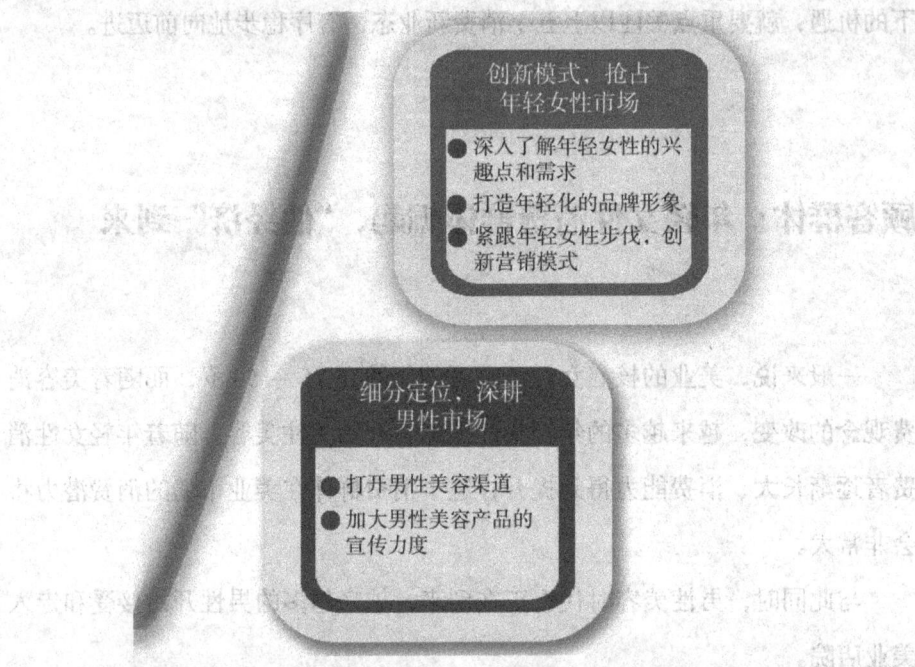

图 1-10　抓住年轻女性市场和男性市场的策略

创新模式，抢占年轻女性消费市场

美业店院运营者要想抢占年轻女性消费市场，就要创新营销模式，主动向年轻女性消费群体提供她们想要了解的信息。正如新氧首席执行官金星所说："如果你还是用过去的那一套，花大量的时间和精力去运营，把消费者吸引到你的店里，用你的咨询师对她们做过度的开发，是没有用的。今天的消费者获取信息的渠道非常多样，很多时候她们自己就是医美专家，比咨询师懂得还多。"因此，要想抓住年轻女性消费群体，美业店院运营者要从与下几点做出改变。

（1）深入了解年轻女性消费群体的兴趣和需求

只有深入了解年轻女性消费群体的兴趣是什么、愿意为了什么消费、什么因素会影响他们的消费意向，以及他们的消费特点和潜力，美业店院才能真正了解如何抢占年轻女性消费市场。例如，运营者可以通过短视频宣传店院的产品和服务，也可以和明星、网红合作，通过直播推广来销售店院的产品和服务。

（2）打造年轻化的品牌形象

在"颜值经济"时代，人们普遍喜欢新鲜、漂亮的面孔，也更喜欢年轻化的品牌形象。对于年轻女性消费群体而言，如果品牌的价值观念过于老旧或者品牌代言人不符合他们的期待，他们对品牌的印象就会大打折扣。所以，美业店院运营者在条件允许的情况下，可以尝试打造年轻化的品牌形象，也可以邀请一些外形靓丽的艺人为店院品牌代言。这样不仅更容易形成粉丝经济，还能扩大店院品牌的影响力，迅速抢占年轻女性消费群体的市场。

（3）紧跟年轻女性消费群体的步伐，创新营销模式

年轻女性消费群体追求个性、潮流，热衷于新奇、好玩、有趣的事物，喜欢玩游戏、自拍等。美业店院运营者要想吸引年轻女性消费群体的关注，就应紧跟年轻女性消费群体的步伐，创新营销模式。

2019年春节，美妆品牌 M·A·C 和某款手游推出联名口红，成功实现跨界营销。此次跨界营销的思路基于两点：一是口红已成为许多年轻女性会使用的产品；二是该款手游也已经成为年轻女性的重要社交工具。

M·A·C 的跨界营销既宣传了自己的品牌，又成功地带动了产品的销量，可谓一箭双雕。美业店院在宣传品牌或产品时，也可以运用这种模式，让营销变得更有趣、更吸引人。

细分定位，深耕男性市场

时尚趋势预测机构 LS:N Global 研究得出了这样一个结论：女性的感性消费习惯导致她们更容易受到经济危机的影响，而男性在消费时表现得更加理性和平稳，消费潜力很大。

但是，从现状来看，男性美业消费市场的发展依然存在很多问题，具体表现在两个方面，如图 1-11 所示。

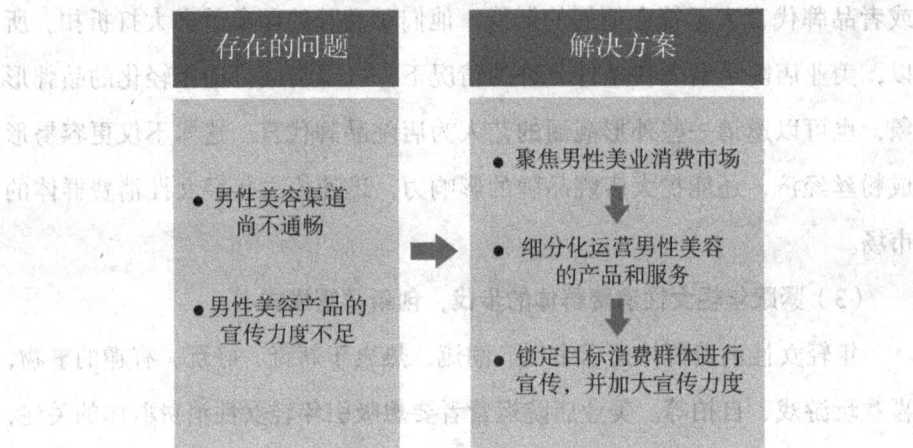

图 1-11　男性美业消费市场发展存在的问题及解决方案

（1）男性美容渠道尚不通畅

为男性提供美容产品和服务的店院、品牌较稀缺，也没有实现细分化。例如，市场上很少见到专为男性开发的化妆品，常见的只有洗面奶、面霜等护肤产品。

（2）男性美容产品的宣传力度不足

美业市场中关于男性美容产品的宣传少之又少，这导致男性产生了不知道买什么、好像也没什么可买的困惑。这就需要美业店院通过各种渠道进行宣传和知识普及，为他们解惑，有效培育男性美业消费市场。

在商业领域，问题就是机遇。男性美业消费市场存在这些问题，其根源在于需求大于供给。所以，作为供给侧的美业店院要想抓住男性美业消费市场的发展机遇，就要想办法解决这些问题。

首先，聚焦男性美业消费市场。例如，开设男性美妆护肤产品专卖店、男性美业店院、男性微整项目等。

其次，细分化运营男性美容产品和服务。

在美容产品方面，美业店院运营者除了要关注市场上已有的男性洗面奶、男性爽肤水、男性面霜等常见的护肤产品，还应当针对男性肤质特点和需求特点研发新的护肤品、美妆用品等，进一步拓展男性美容的产品线。考虑到男性在护肤、美妆方面喜欢简洁、不爱烦琐的特点，男性美容产品可推出套装系列，这更易赢得男性消费者的好感。此外，在产品香味的选择上也要注意，尽量选用清爽、淡雅的香味，给人一种健康、有活力的感觉。

美业店院的项目也要最大限度地实现细分化、专业化，提供有针对性的产品和服务，如面部护理（补水、控油、祛痘、去黑头、去角质、抗皱）、男士水疗、足疗等。

最后，锁定目标消费群体进行宣传，并加大宣传力度。

在宣传方面，美业店院要重点锁定目标消费群体，即锁定符合美业店院定位的男性消费者。例如，在男性时尚杂志、写字楼的电梯广告宣传栏中刊登店院广告等。宣传内容要简单、直接，强调效果。同时，在宣传男性美容时要以宣传健康、清爽、活力的形象为主。

此外，美业店院运营者要注意，有相当比例的男性护肤品、美妆品是由男性的女性亲友推荐男性购买或直接为男性购买的。因此，男性美容产品在宣传时除了要重视男性宣传渠道之外，也可以在女性时尚杂志上进行广告宣传，以间接达到宣传的目的。例如，法国某知名香水品牌的男士香水就经常在一些女性杂志上刊登广告。

年轻女性消费群体的崛起和"他经济"时代的到来，显现了美业市场的新气象。美业店院如果能成功抢占这两个市场，就如同掌握了一张能打开未来利润空间的"王牌"。当然，取得成功并不是一件容易的事，需要美业店院运营者对症下药，这样才能赢在现在、赢得未来。

政策法规：接受严格监管，规范经济行为

美业店院要想获得长久、稳定的发展，就必须接受国家相关政策法规的严格监管，规范自身的经济行为。

国家政策法规对美业店院的规范和引导主要体现在税费、法规政策和"大健康"三个方面，如图 1-12 所示。

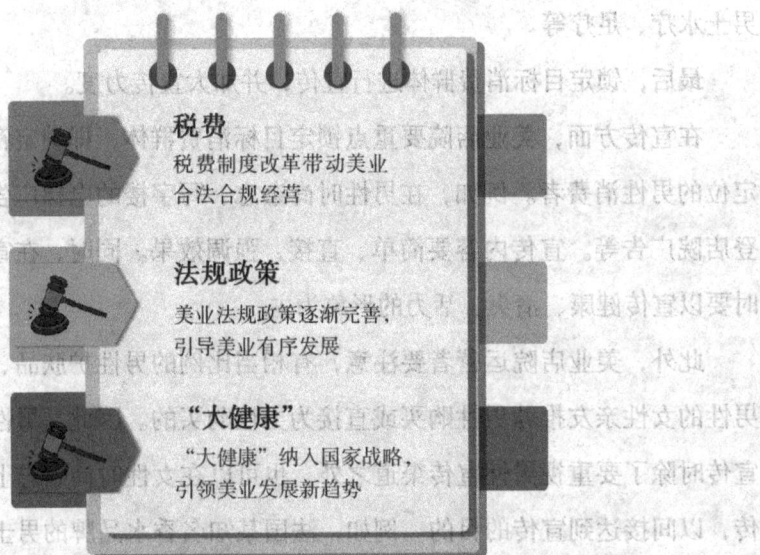

税费
税费制度改革带动美业
合法合规经营

法规政策
美业法规政策逐渐完善，
引导美业有序发展

"大健康"
"大健康"纳入国家战略，
引领美业发展新趋势

图 1-12　国家政策法规对美业店院的规范和引导

税费制度改革带动美业合法合规经营

企业运营要缴纳的税费主要分为流转税（包括增值税等）、所得税（包括企业所得税、个人所得税）和其他税种（包括消费税、资源税、房产税、印花税等）。企业具体要缴纳的税种及相应的税率要根据自身的经济性质和经营业务确定。

传统美业的纳税人对税费政策并不是十分清楚，甚至会出现以下几种以身涉险的情况。

（1）**账簿设置混乱**

账簿设置混乱主要表现为以下几点：

一是不按规定设置账簿，或者根本不设置账簿；

二是只自己掌握账簿，不将其提供给税务部门，甚至擅自销毁账簿；

三是虽然设有账簿，但账簿设置得不够健全、收入记录得不够准确。

（2）**纳税申报额与实际营业收入存在较大差距**

随着美业市场的繁荣，很多美业店院的营业收入实现了大幅增长。但是，很多运营者依然以原来的纳税定额标准申报纳税，对每月超出定额的营业收入不申报纳税。

（3）**发票管理混乱**

发票管理混乱主要表现为以下两点：

一是不主动给顾客开发票，即便顾客要求开发票，店院员工也会找借口不开发票；

二是用白条、收据等代替发票。

（4）**未代扣代缴工资薪金个人所得税**

为员工代扣代缴工资薪金个人所得税是企业的责任和义务。很多美业店院的员工收入达到了个人所得税起征点，但是店院并未代扣代缴工资薪金个人所得税。这样企业将面临被罚款，甚至吊销营业执照的风险。为了避免出现这种情况，店院运营者应该深入了解国家出台的相关税收制度。

国家税务总局从 2014 年 1 月 1 日开始实行《纳税信用评价指标和评价方式（试行）》，将企业纳税行为纳入信用体系，企业一旦出现失信行为，不但会被扣分、罚款，还会影响企业发展中的融资、行政服务、监管、经营等重要事项。

2019 年 8 月 20 日，国家发改委印发的《国家发展改革委办公厅 国家税务总局办公厅关于加强个人所得税纳税信用建设的通知》提出，要建立个人所得税纳税信用管理机制，完善守信联合激励和失信联合惩戒机制，加强信息安全和权益维护，强化组织实施。由此，个税申报、社保缴纳等对个人征信的影响开始凸显。企业如果不能按照政策要求为员工代缴个税、社保，不但会影响企业的信用，还会影响员工的个人信用。如此一来，将会有越来越多的人才选择加入按照政策为员工代缴个税、社保的企业。

2019 年以来，国家将"减税降费"列入重要事项，陆续出台了一系列政策。这对于企业来说无疑是利好消息。例如，从 2019 年 4 月 1 日开始，制造业等行业现行的 16% 增值税税率降为 13%；交通运输和建筑等行业现行的 10% 增值税税率降为 9%。在个税缴纳方面，2019 年 1 月 1 日起执行《国务院关于印发个人所得税专项附加扣除暂行办法的通知》（国发〔2018〕41 号）明确了包括子女教育、继续教育、大病医疗、住房贷款利息、住房租金、赡养老人六项专项附加扣除内容。

除了以上与企业、员工密切相关的政策之外，还有很多"减税降费"政策正在逐步实施。美业店院运营者一定要及时了解政策动向，弄清政策规定，尤其要了解政策正式执行的时间，及时调整纳税行为。

美业法规政策逐渐完善，引导美业有序发展

作为起步较晚的美业市场，尤其是医美市场，一直以来都比较混乱。例如，提供微整形服务的美容机构常"无证动刀"；在产品制造和流通环节，假货、次货比例较高；医疗机构和医师资质认证来源不明导致医疗技术水平参差不齐，医美手术效果无法得到保障，事故频频发生。

所以，规范市场秩序是美业发展的当务之急。为此，国家陆续出台了一系列政策法规，力求规范美业市场，整治、打击美业乱象。

> 2019年1月9日，国家食品药品监督总局发布的《化妆品风险监测工作规程》明确：国家食品药品监督总局药化监管司负责组织开展全国化妆品风险监测工作，设立化妆品风险监测秘书处；秘书处设在中国食品药品检定研究院，负责化妆品风险监测工作的组织协调和日常管理；同时，要求将以下六种情况作为监测重点：可能含有潜在危害因素的产品；流通范围广、消费量大的产品；引起化妆品安全事故或受到消费者关注的产品；涉嫌虚假夸大宣传误导消费者的产品；不良反应监测结果显示具有潜在风险的产品；技术上无法避免，导致风险物质作为杂质带入的产品。
>
> 2019年3月21日，国家卫生健康委员会等八个部门联合发布《关于开展医疗乱象专项整治行动的通知》（国卫医发〔2019〕36号）。通知中提到的《医疗乱象专项整治行动方案》明确指出此次行动主要有四项重点任务：严厉打击各类违法违规执业行为，严厉打击医疗骗保行为，严肃查处发布违法医疗广告和虚假信息的行为，坚决查处不规范收费、乱收费、诱导消费和过度诊疗行为。

这些政策法规的出台一方面打击了一些非法运营的美业店院，净化了美

业市场环境，规范了美业市场运营，另一方面也保障了合法运营的美业店院的权益。同时，这让众多美业店院，尤其是不符合国家法律法规的美业店院明确知道，国家禁止什么、打击什么，使他们更好地调整自身的运营方向和经营项目，担负起法律责任、社会责任，规范运营行为，走规范化发展的道路。

具体来说，美业店院运营者可以从以下几个方面规避法律法规和政策风险。

（1）多了解国家政策及法律法规，尤其要重点关注国家最新颁布的政策法规。

（2）根据现有的法律法规和政策，安排及调整自己的运营行为。

（3）美业店院可以聘用综合型人才参与店院的运营管理，尤其是懂得财务和法务管理知识的人才，他们可以帮助店院在符合国家政策法规的前提下运营。

（4）加强店院内部人员的管理，尤其要对管理层和财务人员进行法律法规知识的培训，增强其风险意识。

美业店院运营者要正视法律法规风险，不能钻法律的空子，或为了利益以身涉险，否则，企业不仅不能从中获益，还会遭受更大的损失。

"大健康"纳入国家战略，引领美业发展新趋势

2016年10月25日，我国发布《"健康中国2030"规划纲要》，其中定下了明确目标：到2020年，健康服务业总规模超8万亿元，到2030年达16万亿元。健康产业由此迎来了前所未有的发展机遇。

随着"大健康"纳入国家战略，健康产业已经成为新常态下经济增长的重要引擎，同时也成为美业发展的重要机遇。如何搭上这艘"大船"，成功

开发运营"美容大健康"项目，是众多美业店院应当关注的问题。

在"大健康"时代，人们对健康的需求不再仅仅是治疗疾病，更表现为预防、治疗、修复、保养四个环节的结合。在这四个环节中，预防、修复、保养将成为未来新的生活方式，而美业店院的很多品项恰好能够满足人们在这三个环节的需求。所以，"大健康"时代将催生"健康美容"，引领美业发展的新趋势。

所以，美业店院要紧跟政策和趋势，在合法合规运营的同时把握"大健康"环境下的行业发展机遇，不断实现创新与转变，这才是寻求更好发展的正确道路。

企业竞争：私域流量 + 超级用户 = 业绩增长

传统美业的竞争思维是存量思维。存量思维是指只对过去拥有或当下拥有的东西产生心理依赖的思维模式。

对于美业店院来说，存量思维体现在他们只会维护存量顾客。很多美业店院运营者认为，随着顾客的成长，其消费水平会不断增长。例如，一个刚毕业的年轻顾客的消费水平并不高，但是 5 年后她当上了部门主管，消费水平升级了，美业店院在她身上能够挖掘的消费潜力也会随之增大。但是，这样的顾客毕竟是少数，而且为了留住这样的顾客需要花费较高的留客成本。所以，美业店院运营者如果只顾眼前的存量，顾客流量将很难做大，进而会导致店院很难发展壮大。

美业店院运营者只有将存量思维升级为增量思维，吸引更多流量，店院才有可能在竞争中突出重围，实现业绩增长。

增量思维的核心主要包括两点：私域流量和超级用户，如图 1-13 所示。初级的增量思维就是圈定私域流量，打造自己的流量闭环。高级的增量思维体现在以私域流量为基础打造超级用户，创造竞争优势和增量价值。

图 1-13　私域流量＋超级用户＝业绩增长

私域流量：打造自己的流量闭环

私域流量是什么？

财经作家吴晓波在"预见 2019"的跨年演讲中提出了私域流量的概念。所谓私域流量是相对于公域流量而言的，指的是不用付费，可以在任意时间以任意频次直接触达顾客的渠道的流量，如自媒体粉丝群、微信群、QQ 群等渠道的流量。

公域流量就好比海洋，来这里捕鱼的人越多，捕鱼的成本就越高，而捕到的鱼也会越少。私域流量是自己"养鱼"，成本低，而且量大。

有赞创始人白鸥曾说："生意要围绕人来做，只有把顾客攥在自己手里，形成私域流量池，才能将单客价值最大化。"这句话直接道出了私域流量的价值。在美业市场，已经有不少店院开始尝试获取私域流量。

> 秀域科技美容公司（以下简称"秀域"）成立于2005年，是一家全国性的集家庭健康管理、减肥、美容、医美为一体的连锁机构。该品牌店院已遍及全国44个大中城市。2013年，秀域的品牌店院数量已经突破1 000家，员工已达1万多人。2019年，秀域成为中国国家女子篮球队的官方赞助商，品牌价值和品牌影响力都得到了进一步的提升。
>
> 虽然秀域取得了不错的成绩，但是获客成本高依然是其发展痛点。2019年，秀域斥7 000万元巨资建立了自己的私域流量"护城河"，布局线上顾客生态。同时，秀域与阿里云合作建立了信息系统，顾客可以在线预约、在线支付、在线评价。此外，秀域还自建了3个App，每个App有十几万名用户。用户可以在线咨询，秀域员工会及时提供服务。

秀域没有紧盯着存量顾客，而是不惜斥7 000万元巨资建立私域流量"护城河"。这样做可以为秀域带来三个竞争优势。

（1）降低营销成本

公域流量的成本越来越高，而私域流量是免费的。建立私域流量"护城河"后，秀域可以对顾客开展有针对性的、高频次的营销。

（2）有效防止顾客流失

私域流量可以帮助秀域实现精准营销，提高顾客的忠诚度和黏性，进而有效防止顾客流失。

（3）提升店院销售业绩

建立私域流量"护城河"，有利于店院与顾客之间建立情感连接，不仅有助于提升顾客转化率，还可以提升顾客体验和顾客转介绍率，进而提升店院的销售业绩。

我们从以上三点可以看出，私域流量对于美业店院的可持续发展非常重要。实际上，对于任何一家美业店院来说，要想发展壮大，都不能只盯着存量顾客，而是应该将这些顾客以及公域流量的顾客转化为私域流量池，打造属于自己的流量闭环。

超级用户：最大化发挥顾客价值

私域流量对于美业店院的发展有着重要的价值。所以，很多美业店院开始建立自己的微信群、QQ 群，但是对店院的业绩增长帮助却不大，究其原因主要有以下三点。

一是私域流量分散于各个渠道，容易流失。虽然来自这些渠道的顾客都是店院的顾客，但是这些顾客随时可能因为更优惠的价格或其他有利因素而选择其他店院，这样就会导致顾客不断流失。

二是美业店院的流量大都掌握在销售人员的手里。销售人员离职，就意味着大部分顾客会流失。

三是微信等社交平台的管控力度越来越大。美业店院要想基于这些社交平台发展私域流量，难度会越来越大。

所以，美业店院只发展私域流量还不够，还应当打造属于自己的超级用户。从一定程度上来说，建立私域流量的最终目的就是打造店院的超级用户。

2017 年底，罗辑思维的创始人罗振宇在跨年演讲中提到了"超级用户思维"。罗振宇表示，"流量"时代已经结束，"超级用户"时代已经到来。

何谓超级用户？简单地理解，超级用户就是指 VIP 用户、付费用户，或者说"精准流量"，如爱奇艺会员、微博会员等。

"超级用户"这个概念源自全球著名市场调研公司尼尔森的高管艾迪尹的著作《超级用户》。艾迪尹在书中打了个比方，有些苹果手机用户只要苹果推出新款手机就会购买，这些用户就是超级用户。美业店院的发展缺的正是这样的超级用户。

具体来说，超级用户具有以下五个典型的特征，如图 1-14 所示。

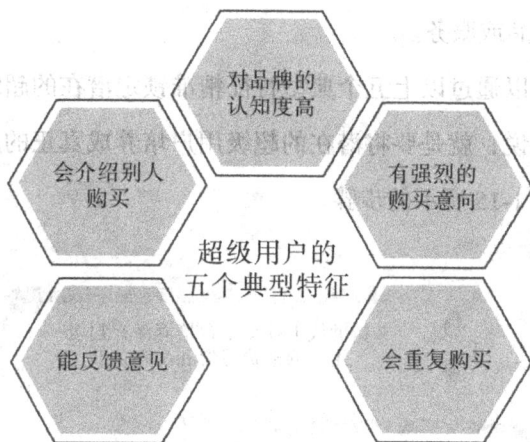

图 1-14　超级用户的五个典型特征

（1）对品牌的认知度高

超级用户一般对品牌有较高的认知度，而且比较认同该品牌的理念或钟爱该品牌的某些产品。

（2）有强烈的购买意向

普通用户可能只会简单地了解产品，但是超级用户一般都具有强烈的购买意向。

（3）会重复购买

重复购买是超级用户最典型的特征。

（4）能反馈意见

一般用户在消费之后很少会给企业提出意见或建议，但是超级用户不同，他们体验产品或服务后会主动发表自己的意见或建议，并希望企业可以改进。

（5）会介绍别人购买

超级用户体验产品或服务后会主动向身边的亲人、朋友或同事介绍和推荐自己体验的产品或服务。

美业店院可以通过以上五个典型特征精准锁定潜在的超级用户并对其进行维护。具体来说，就是要将潜在的超级用户培养成真正的超级用户。美业店院可以采取图1-15所示的步骤。

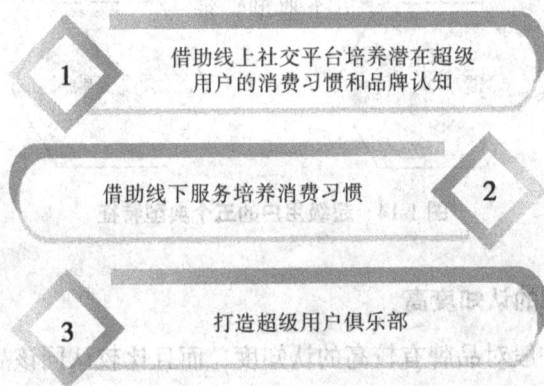

1	借助线上社交平台培养潜在超级用户的消费习惯和品牌认知
	借助线下服务培养消费习惯 2
3	打造超级用户俱乐部

图1-15　培养真正的超级用户的步骤

（1）借助线上社交平台培养潜在超级用户的消费习惯和品牌认知

锁定潜在的超级用户之后，美业店院可以通过线上社交平台与潜在超级用户进行深入交流，以培养潜在超级用户的消费习惯及其对美业店院的认知，逐步把线上的潜在超级用户变成线下真正的超级用户，实现流量的变现。

（2）借助线下服务培养消费习惯

对于潜在超级用户，美业店院应该将其作为重点服务对象，不仅要为其提供个性化的、超出预期的服务，以提高其对品牌的认知度，增强其消费黏性，还应根据其需求延伸产品和服务的种类，逐渐培养其持续消费的习惯。美业店院还要及时、持续跟进售后服务，以优化用户体验，只有这样才能不断增强潜在超级用户的黏性，最终将潜在超级用户培养成真正的超级用户。

（3）打造超级用户俱乐部

美业店院要想让这些超级用户成为自己的竞争力，仅仅与他们进行交流、提高他们的认知度是远远不够的。美业店院还应在此基础上打造超级用户俱乐部。

美业店院的第一批超级用户都是跟随店院较长时间的忠诚粉丝，是通过店院长时间为他们提供服务、与他们建立情感联系逐渐培养起来的。但是，超级用户消费有一定的保密性和私密性需求，他们很少转介绍同级别的超级用户给店院，这其实非常不利于店院超级用户的培养与裂变。

所以，美业店院运营者要采用逆向思维，先建立超级用户俱乐部，根据超级用户的共同兴趣、爱好进行各类主题活动的策划与执行，这样便能吸引潜在超级用户加入其中。然后，店院通过提供免费体验、开展健康讲座等方式使潜在超级用户成为真正的超级用户。一旦实现超级用户的培养与裂变，店院业绩就会迅速实现成倍增长。

对于美业店院而言，占据消费额顶端的 10% 的超级用户几乎可以为店院贡献普通用户 5 倍以上的价值。所以，店院想要发展壮大，打造私域流量，获取、挖掘与培育超级用户，可以说是最省力、最有效的策略之一。

第 2 章

转型突围：美业店院运营的七大困境

美业的市场规模已达万亿元，然而营业额突破亿元的美业企业少之又少。其中的原因究竟是什么？我们对美业市场的发展现状及美业店院在运营中遇到的问题进行了深入分析，总结了美业店院运营面临的七大困境并分析了出现困境的原因。

♣　　♣　　♣

运营者无远大理想

运营者的格局往往决定了企业的高度。只有在格局大、有远大理想的运营者的运营下，企业才能实现健康、长久的发展。美业店院的发展也是如此。但是，很多美业店院运营者没有远大理想，具体表现在四个方面，如图 2-1 所示。

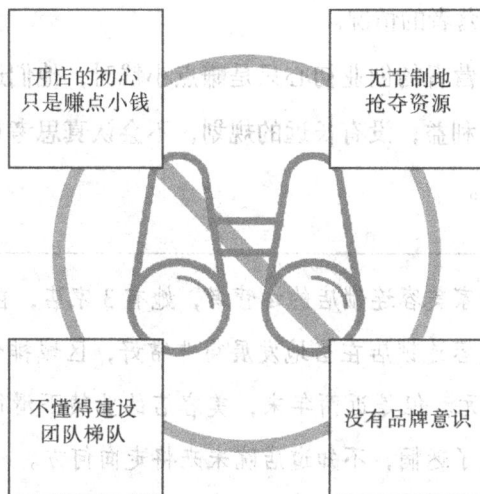

图 2-1　美业店院运营者没有远大理想的具体表现

开店的初心只是赚点小钱

美业店院运营者的创业初心往往只是为了谋生。所以，他们更看重的是当下的业绩如何、是否赚钱。

> 张女士开了一家小美容店，主要提供减肥和基础护肤服务。刚开业时生意还不错，张女士也因此获得了不错的收入。但是，5 年过去了，张女士还是只有这一家店，只是营业额由原来的每年几十万元增加到了每年 100 多万元。当有人问张女士为什么 5 年过去还是只有一家店时，张女士表示："我当初只投入了十几万元就开了这家小店。所以，我并不指望这家店能发展几十年。再说，现在员工不好招，单店的培训能力又弱，我就是想要发展也有心无力。趁现在这家店还能赚点钱，我就先干着。"

张女士的初心就是"开家小店"，所以，她对自己的事业并没有做长远的规划，只是想"还能赚点小钱，我就先干着"。张女士的想法代表了很大一部分美业店院运营者的情况。

当美业店院运营者的创业初心只是赚点小钱时，他们运营店院的宗旨就是一切只为眼前的利益，没有长远的规划，不会认真思考自己运营的店院是否具有核心竞争力。

> 刘女士是一家美容连锁店的运营者，她有 3 家店，在当地运营了 10 年。曾经她的美容连锁店在当地发展得非常好，区域排名前三，营业收入接近 2 000 万元。但是近两年来，美容店的业绩下滑得非常厉害。所以，刘女士陷入了迷惘，不知道店院未来将走向何方。
>
> 我们通过专业的诊断与沟通后发现，刘女士的美容连锁店业绩断崖

式下降的主要原因有以下三点。

第一，店院业绩的突破基本靠引进新品项。这么多年来，什么品项赚钱，刘女士就引进什么品项。如果业绩增长速度变缓，她想到的解决方案便是引进新品项，而不是找出真正的问题并解决。

第二，对活动与厂家的依赖性很强。店院员工的自销能力较弱，没有活动，他们似乎就不会销售了。虽然刘女士在员工培训方面也花了不少时间与精力，但大多是厂家的产品专业知识与销售技巧培训，未能从岗位胜任力的角度系统、全面地进行培训，所以员工的综合能力还是相对较弱。

第三，重视合作业绩，忽视常规业绩。随着医美领域的快速发展，店院在医美领域的合作业绩有了非常大的突破，带动店院的业绩迅速提升，但是合作业绩占比达到了50%～60%。刘女士沉浸在合作业绩的提升所带来的业绩红利与利润红利中，却忽略了顾客基本面与常规业绩的打造与推动，也没有持续开发大顾客。随着国家开始严格管控医美"大健康"项目，医美合作项目的业绩逐渐下滑。而近两年的常规业绩因为运营乏力并没有明显提升，所以刘女士的美容连锁店的业绩出现断崖式下降，店院经营举步维艰。

刘女士采取的"什么品项赚钱就引进什么品项""注重员工产品专业知识与销售技巧的培训""注重合作业绩"这些运营策略看上去都符合长远发展计划，但事实并非如此。真正意义上的长远发展计划应当围绕店院3～5年的发展规划做好品项规划、团队建设、顾客管理及建立高效的运营体系等。

无论是运营单个小型美容店的张女士，还是运营大中型连锁美容店的刘女士，她们在店院的发展过程中想的都是如何更快地赚到更多钱。虽然这种赚快钱的运营方式在短期内能给店院带来不错的收益，但是会导致店院失去核心竞争力、缺乏发展潜力，最终难免以倒闭收场。正是因为不少美业店院运营者的初心只是赚钱，才会导致美业市场虽然很大，但大部分美业店院仍然是小微型店院或中小型店院。

无节制地抢夺资源

相对于其他行业而言，美业店院的竞争更加激烈。例如，在同一条街上可能有 3 ~ 5 家中小型美容店。同时，家庭作坊式的小微型美容店也比比皆是，而且这些店院的产品和营销模式大同小异。对于顾客而言，若产品品项、服务内容和运营模式都相差无几，那么他们自然愿意选择价格更低的美业店院。于是，美业店院运营者为了抢夺市场，便开始无节制地抢夺资源，有时甚至不惜亏本运营。

> 卢女士开了一家中型美容店，但是开业后生意一直不是很理想。于是，她决定做一次促销活动，只要花 9.9 元就可以享受面部肌肤护理和精油开背项目。她安排店里的员工去街上发传单，以吸引更多的顾客进店体验。
>
> 9.9 元的价格着实吸引人，促销活动当天就有很多顾客进店体验，还有很多顾客在店里打电话邀请朋友一起来体验。在活动的那段时间，店里的客流量是平时的 3 倍。但是，这些流量并没有转化成业绩，反而让店里亏了很多钱。
>
> 活动结束后，店里并没有多少回头客，生意又恢复到之前冷清的局面。

做促销活动是常用的一种引流方式，但如果只是为了抢夺资源而无底线地促销，那么不仅不能留住顾客，反而会让店院亏损，还会破坏店院的品牌形象。

有远大理想的运营者也会采取打折促销的方式引流，但是他们不会只看活动期间能吸引多少人，而是更看重这些人能不能转化成自己的忠实顾客，能不能吸引他们办卡、充值、复购。所以，在开展促销活动的同时，他们会开展社群营销，继续将流量转化为顾客。但是，很多美业店院运营者因为没有远大的理想，所以没有做全面、长远的考虑，最终导致引流失败、店院亏损。

没有品牌意识

只注重产品，没有品牌意识，这也是美业店院运营者没有远大理想的典型表现。

吉林省美发美容行业协会会长杨哲曾表示，美业一直以来都是靠卖产品挣钱，上游的厂家、代理商考虑的是如何做好产品营销，把产品卖给下游的店院，店院拿到产品之后想的是如何靠卖产品快速赚取利润。这种错误理念层层传递，严重限制了美业的发展。

在绝大多数美业店院运营者看来，只有产品销售出去了，他们才能赚到钱。按照美业的运营现状来看，也的确如此。但实际上，只有运营品牌才能扩大店院的知名度，让店院健康长久地发展。这给店院带来的利益将远远超过销售产品带来的利益。

不懂得建设团队梯队

任何企业的发展都离不开人才，所以企业发展的根本动力在于团队。但是，绝大多数美业店院运营者并不懂得如何做好团队梯队建设。

大部分美业店院并没有设置正规的人力资源部门和培训体系，导致店院在招人的标准、培训及实践带教上普遍水平较低，进而形成高水平的服务团队、中高层运营管理者、职业经理人极度缺乏的局面。也就是说，美业店院的团队建设与团队成长的速度远远跟不上店院发展与扩张的需求。

团队打造与团队梯队建设是店院培养人才、做好人才储备的关键，也是店院生存与发展的关键。但是，美业店院运营者很容易忽视这一点，他们认为只要能招到员工就行，员工离职了还可以继续招。这种短视行为导致团队的绩效差，店院难以获得长远的发展。

所以，美业店院运营者缺乏远大理想，即只顾眼前利益、无底线地抢夺资源、没有品牌意识、不懂得建设团队梯队，是美业店院运营过程中难以突破的困境，也是必须突破的困境。

运营者缺乏强大的运营能力

美业店院运营者的运营水平难以满足店院不同发展时期的要求，也是美业店院运营过程中面临的一大困境。

店院发展的不同时期对运营者的能力要求也不同，如图 2-2 所示。

起始期：运营者要有赚钱能力

店院的起始期是指从店院创立到店院全面正常运营这段时间，一般为店院创办后的 1 ~ 2 年。这个时期店院的资金较少、人员能力较弱、品牌较单一，管理模式也没有真正形成。

起始期对运营者的能力要求是具备强大的赚钱能力。

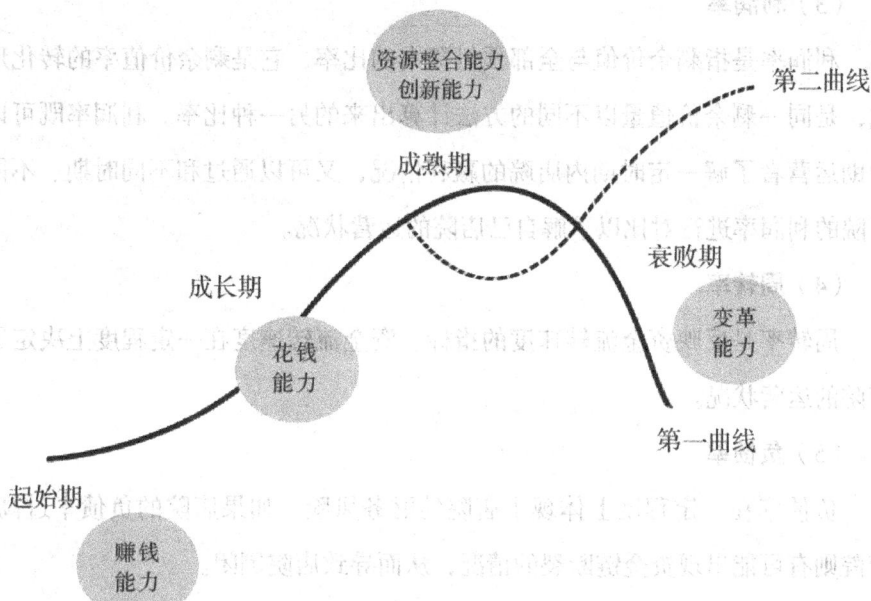

图 2-2　店院发展的不同时期对运营者能力的不同要求

对于店院来说，起始期最关键的事情是"活下去"。所以，这个时期的美业店院运营者一定要重点关注以下五个方面。

（1）**现金流**

现金流是指运营项目在整个生命周期内产生的现金流出和现金流入的数量。店院要想获得生存价值和发展机遇，就必须获利。决定店院获利情况的关键是现金流与现金流管理水平。所以，在某种程度上，现金流管理水平的高低体现了运营者赚钱能力的强弱。

（2）**盈亏平衡点**

盈亏平衡点通常是指全部销售收入等于全部成本时（销售收入线与总成本线的交点）的产量。盈亏平衡点可以帮助运营者规避店院运营的风险，预估店院未来的收益发展趋势。

（3）利润率

利润率是指剩余价值与全部预付资本的比率，它是剩余价值率的转化形式，是同一剩余价值量以不同的方法计算出来的另一种比率。利润率既可以帮助运营者了解一定时期内店院的赢利情况，又可以通过和不同时期、不同店院的利润率进行对比以了解自己店院的运营状况。

（4）周转率

周转率是反映资金流转速度的指标。资金流转速度在一定程度上决定了店院的运营状况。

（5）负债率

负债率在一定程度上体现了店院的财务风险。如果店院的负债率过高，店院则有可能出现资金链断裂的情况，从而导致店院倒闭。

美业店院运营者只有全面把握以上五个方面，才能更好地进行店院运营与管理。但是，很多美业店院运营者在起始期只会盯着业绩，并不在乎这些方面，甚至完全不知道要关注这些方面。所以，很多美业店院只运营了几个月就濒临倒闭。

成长期：运营者要具备花钱能力

成长期一般是指店院创办的第 3 年至第 5 年，店院经过一段时间的发展，在这个时期已经形成了一定的规模。

成长期对运营者的能力要求是拥有花钱能力。

这里的"花钱能力"不是我们常说的消费能力，而是指美业店院运营者是否懂得把钱投入应该投入的方向。为了让处于成长期的店院更快、更稳定地发展，运营者需要在以下几个方面进行投资：

①产品与项目的优化迭代；

②人才梯队的组建与培养；

③店院总部建设；

④为顾客提供超值的服务；

⑤企业品牌的推广；

⑥店院升级扩张。

但是，不少美业店院运营者在成长期通常会把赚到的钱用于个人消费，比如买房、买奢侈品等。所以，很多美业店院运营者并不具备"花钱能力"，他们不懂得把钱花在促进店院更快、更好地发展的方面，对店院的未来发展完全没有规划。

如果店院处在成长期，而运营者不具备"花钱能力"，店院就会错过快速扩张的好时机，很难做大。

成熟期：运营者要有资源整合能力及创新能力

成熟期一般是指店院创办 5 年以上，此时店院发展到了高峰状态。在这个时期，店院的规模较之前明显扩大，人员稳定，技术成熟，并且有自己独特的管理模式，具备一定的竞争力。

成熟期对运营者的能力要求是具备资源整合能力及创新能力。

在成熟期，运营者最应该做的一件事就是进行区域内或上下游各类资源的迅速整合，形成自己的竞争优势与竞争壁垒，让店院成为区域或行业的巨头，为店院的连锁发展、持续盈利打下坚实的基础。

创新能力的背后则是第二曲线原理，如图 2-3 所示。

我们把企业从"起始期""成长期"到"成熟期""衰败期"的发展轨迹称为"第一曲线"，这是美业店院常规发展曲线。为了避免店院从"成熟期"走向"衰败期"，运营者要在店院成熟期的高峰到来之前，通过创新开辟新

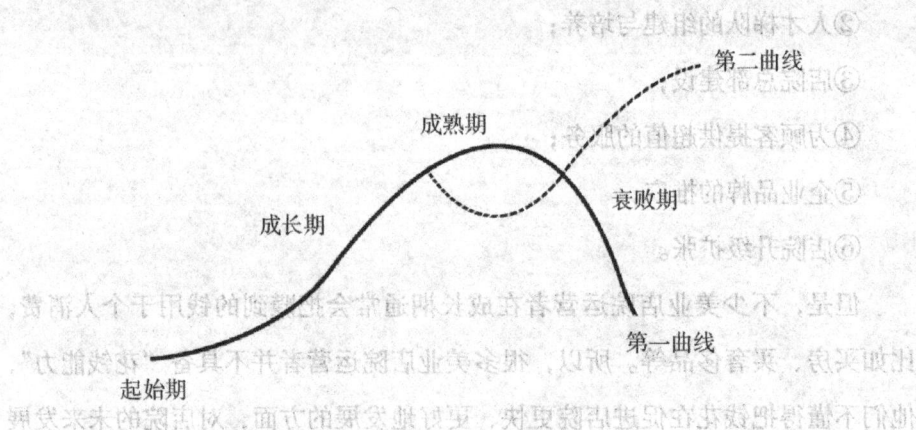

图 2-3　第二曲线原理

的路线，这条新的路线就是店院发展的"第二曲线"。

店院在发展过程中如果不开辟第二曲线，一直沿着第一曲线发展，就一定会走向衰败。创新能力就是找到第二曲线的能力，它包括但不限于商业模式、组织结构、竞争环境、供应链、技术创新及顾客变化等因素的变革。

但是，大部分美业店院运营者在店院发展的成熟期会认为店院已经取得了较大的成功，通常会带领店院走向两个发展方向：一是求安逸，开始退居幕后，请职业经理人运营店院；二是头脑发热，盲目走向上市之路。无论走哪条路，如果没有做好充分的准备，店院都有可能陷入万劫不复的境地。

衰败期：运营者要有起死回生的变革能力

衰败期一般出现在店院创立后的第 8 年至第 10 年，此时店院往往无法继续发展下去。在这个时期，店院仅能够勉强维持运营或已经处于发展较为艰难的境地，员工流失严重，生意惨淡，时刻面临着倒闭的危机。

从原则上说，运营者应当在店院发展到成熟期的高峰前就找到店院发展的第二曲线，从而扭转店院走向衰败的发展轨迹，带领店院沿着第二曲线进入高速增长期。但是，有可能因为各种主客观原因，店院已进入衰败期。

衰败期对运营者的能力要求是具备"起死回生"的变革能力。

衰败期是决定店院"生死存亡"的时期，此时的店院离"死亡"只有一步之遥。所以，这个时期需要运营者找到店院发展的第二曲线，然后大刀阔斧地进行变革，甚至需要抛弃以前的优势或习惯，集中资源全力寻找第二曲线，这样店院才有可能"起死回生"。

任何一家企业都会经历以上四个发展阶段。只有目光长远、拥有远大理想的运营者才能看到并抓住企业发展的机会，加大投入，提升自己与核心团队的境界与能力，助力企业一步步发展壮大。但是，绝大多数美业店院运营者往往从开始创业时就没有想到要持续发展、持续运营，或者部分运营者想到了要长久运营，但没有付出任何努力，导致想法变成了空想。

由此可见，运营者缺乏强大的运营能力已经成为美业店院运营面临的第二大困境。

品项无序竞争，忽视核心竞争力的打造

品项是指美业店院的产品和项目，是美业店院的核心竞争力所在，也是美业店院成功运营的根本之一。在一定程度上，品项决定了美业店院的定位与发展、专业与需求。但是，很多美业店院运营者并没有认识到这一点，在引进品项时首先考虑的是"什么品项赚钱就引进什么品项"，最终导致店院陷入品项无序竞争的局面，丧失了核心竞争力。

　　某美容店的主营品项是皮肤管理，市场反响不错。但是，美容店运营者看到市场上纹眉和水光针很火爆，于是引进了这两个品项，并为此招聘了专业的技师，花费了不少时间和精力培训她们。然而，事实并不像运营者想的那么美好。新品项引进后，没有老顾客选择这两个品项。新顾客进店体验后，抱怨技师不专业，不愿意再来消费。店院最终走向了亏损。

　　为什么将市场上十分火爆的品项引进美容店后会出现亏损的情况？这主要是因为运营者没有对美容店进行定位，没有圈定目标顾客，也没有根据目标顾客的需求引进品项。美容店之前做的是皮肤管理，这类品项的顾客一般是年龄稍长的女性，而纹眉和水光针是年轻女孩追捧的美容品项。这样自然会导致老顾客不愿意接受新品项，而新顾客又不愿意在一个不专业的美容店消费，最终导致美容店亏损。

　　除了引进市场火爆的品项外，很多运营者还会频繁更新店院的品项。品项迭代速度过快的后果是员工难以全面透彻地了解品项的效果及优势，无法为顾客提供满意的服务，而且顾客在短时间内也很难接受过多的新品项。频繁更新最终会导致店院出现品项无序竞争、"打乱仗"的局面。

　　店院出现品项无序竞争现象的根本原因是店院运营者不懂得品项管理。美业店院的品项管理是指对店院的产品和项目进行合理规划和整合，使店院的产品和项目定位更准确、更能满足顾客的需求。相反，如果店院运营者不能做好品项管理，即使店院的品项再多，也不能发挥优势，形成竞争力。

　　美业店院需要根据目标顾客的需求、消费能力及消费习惯引进品项。这里的品项不是单一的、市场火爆的品项，而是一个完善的、系统的品项结构，具体包括导客项目、客提项目、高端项目和顶级项目四个项目类型，如图 2-4 所示。

图 2-4　美业店院的品项结构

这里以一家营业面积为 500 平方米、年营业额不低于 500 万元的店院为例说明品项结构的设计策略。

导客项目是为新顾客及年消费额不超过 1 万元的顾客设计的，它的单次实收费用通常为 150 ～ 200 元。

客提项目又叫黏客项目，是为店院的主流顾客设计的，这些顾客的年消费额基本为 1 万 ~ 3 万元，它的单次实收费用通常为 300 ～ 500 元。

高端项目是为店院的高端顾客设计的，这些顾客的年消费额基本为 3 万 ~ 5 万元，它的单次实收费用通常为 500 ～ 1 000 元。

顶级项目主要是为店院的大顾客设计的，其主要特点是消费价格高、服务周期长、服务效果显著，如抗衰、光电、医美、"大健康"及生殖系统护理等。大顾客的年消费额基本为 5 万元以上，它的单次实收费用超过 1 000 元。

通常情况下，店院的运营形态是由品项结构中的消费额与人数占比决定的。

如果店院品项结构的消费额与人数占比接近表 2-1 所示的数据，则店院的运营形态比较健康；反之，则是不健康的。店院的不健康形态主要有三种类型，如图 2-5 所示。

表 2-1 店院品项结构中的消费额与人数占比示例

项目类型	消费额占比	人数占比
导客项目	10% ~ 20%	45% ~ 50%
客提项目	30% ~ 40%	30% ~ 40%
高端 / 顶级项目	50% ~ 60%	10% ~ 15%

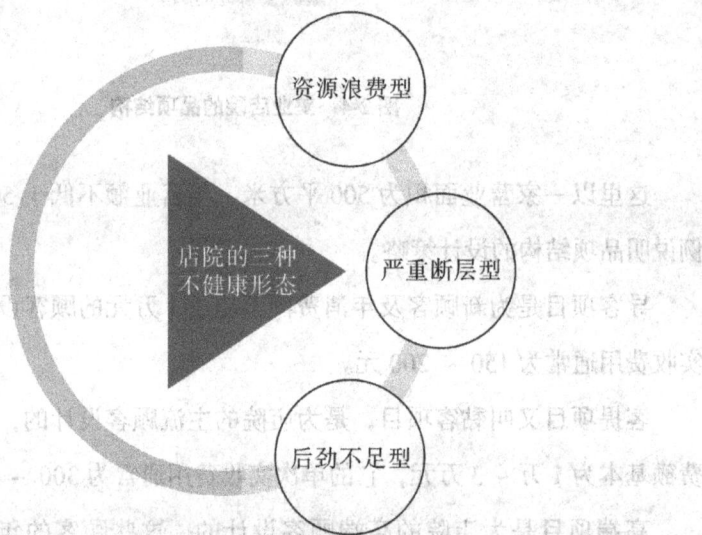

图 2-5 店院不健康的三种形态

资源浪费型

如果导客项目的消费额与人数占比都比较大，远超表 2-1 所示的标准；客提项目与高端 / 顶级项目的消费额与人数占比远低于表 2-1 所示的标准，则该店院属于资源浪费型店院。

这类店院通常运营的时间比较长，顾客基础比较好，只是因为品项的问题及店院团队能力的问题在顾客开发上表现得不够好。

这类店院的业绩增长速度一般较快，开业第一年增长的比例也会比较大，年度增长率基本超过 50%。

严重断层型

严重断层型店院的表现如下：导客项目的人数占比大大超标，消费额占比超过表 1-2 所示的标准；高端 / 顶级项目的人数占比比标准低，但是消费额基本会达标甚至超标；其中客提项目的人数占比与消费额占比一定比表 1-2 所示的标准低。

这类店院通常已经运营了一段时间，会有一些基础的顾客资源，同时随着时间的推移也有较少一部分的顾客会随着店院一起成长，成为店院的大顾客，为店院的业绩做出极大的贡献。

但是，这类店院的员工会呈现比较严重的两极分化现象。较少的两三个员工由于在店院工作的时间比较长，手中掌握的基本是大顾客资源，加上他们的手法比较专业，顾客关系在长时间的维护下也十分牢固，因此业绩比较突出，成了店院的核心员工。其他则基本是新员工与能力相对较差的员工，这些员工工作时间短、能力差，专业技术与服务能力也相对不足，顾客关系和业绩都相对比较差，员工的稳定性也差。

员工的两极分化将会导致顾客两极分化，因为核心员工没有时间和精力开发基础顾客，而新员工或能力较差的员工又很难开发基础顾客。所以，这类店院属于提升难度相对较大的店院，其既要不断地拓客，保持好的流量入口，又要不断地开发顾客以提升顾客的消费能力与消费品质。

后劲不足型

后劲不足型店院的表现如下：高端／顶级项目顾客的人数占比达标或接近达标，消费额占比基本超标；客提项目的人数占比与消费额占比基本达标；导客项目的人数与消费额占比不足，尤其是人数占比明显不足。

这类店院最明显的问题是每年的新顾客非常少。例如，案例中这种营业面积为 500 平方米、年营业额不低于 500 万元的店院，一年的新顾客成交的人数应当多于 120 人，而后劲不足型的店院通常只能完成 30% ~ 40% 的目标。这主要是因为店院发展进入了"老龄化"阶段，新员工与新顾客都进入得比较少，即使进入了也很难留下来。

这类店院通常没有导客项目或导客项目的价格比较高且效果不够明显，同时员工配置不足。除了几个核心员工以外，其他员工较少，而且稳定性不足。核心员工没有时间服务新顾客，而其他员工又难以维护新顾客，久而久之就会后劲不足。这类店院要想提升，首先就要重新规划导客项目；然后培训一批新员工专门接待与服务新顾客，通过新客拓展与成交提升基础顾客量；最后逐步开发、改善店院的"新陈代谢"情况，让店院走向健康形态。

以上三种不健康的运营形态是美业店院常见的，而出现这些不健康形态的真正原因则是店院没有做好品项管理。

真正懂得店院运营的运营者会根据自己店院的定位圈定目标顾客，根据新顾客、主流顾客、高端顾客及大顾客的不同需求引进不同的品项，并对品项进行合理管理。在相同价位的品项中，运营者会选择与顾客最匹配的品项。形成差异化、具有互补性的品项组合才能凸显店院的核心竞争力，挖掘更多的市场空间，获得更多的发展机遇，而且可以让店院持续发展、持续盈利。但是，当下很多美业店院依然陷在品项的无序竞争里，它们不但不能成为店院的竞争力，反而会成为阻碍店院运营的困境。

从业人员普遍缺乏服务意识与匠人精神

美业店院要想持续发展、持续盈利，就需要持续拓客。持续拓客的关键因素有两个：一是要有具备核心竞争力的品项，二是要为顾客提供高质量的服务。很多时候，高质量的服务甚至比品项更能吸引顾客，影响着店院的口碑。所以，对于美业店院而言，高质量的服务才是留住顾客的制胜法宝。但现实是美业店院的从业人员普遍缺乏服务意识与匠人精神，从而导致顾客对店院的评价差，往往不愿意二次进店消费。

服务意识是指以为顾客提供高质量的服务为工作理念。有较强服务意识的从业人员会尽全力为顾客提供高质量的服务，进而更容易打动顾客、留住顾客。

匠人精神是指对工作执着、对所做的事情和生产的产品精益求精及精雕细琢的精神。

从美业的本质来看，每一位美业从业人员都是"手艺人"，都是靠手艺吃饭的"匠人"。但是实际上，大众对美业从业人员的第一印象不是"匠人"，而是"态度差""技术一般"。

曾有业界人士对美业服务持有这样的看法：中国美业人缺少的是一辈子做好一件事的执着，以及追求极致产品质量的精神。现在随处可见的是"凑合""差不多就行""大概也只能做到这样了"……例如，很多美业从业人员在服务顾客时会想"差不多就行了，反正顾客也不是很专业"，或者"我用什么方式才能让顾客多做一个项目呢"。这种缺乏服务意识和匠人精神、只看重业绩的从业人员，同样是美业店院运营面临的困境。

为什么美业店院的从业人员普遍缺乏服务意识与匠人精神呢？原因主要有四点，如图2-6所示。

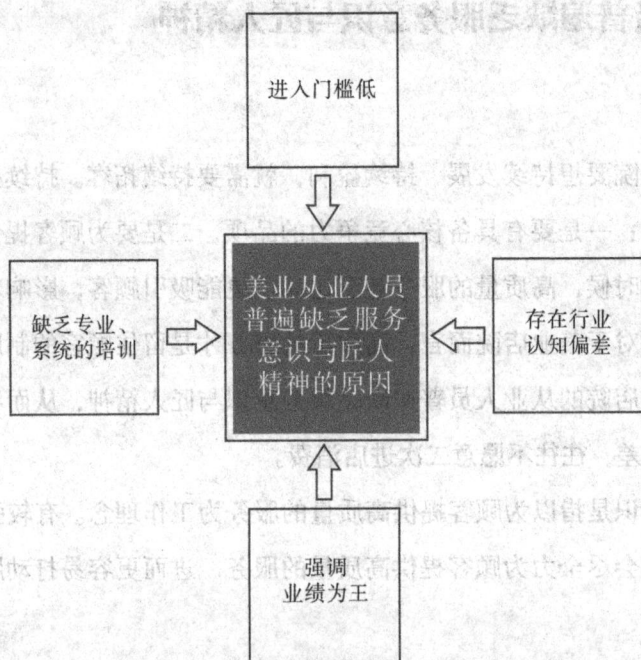

图 2-6　美业从业人员普遍缺乏服务意识与匠人精神的原因

进入门槛低

美业行业进入门槛低是美业从业人员普遍缺乏服务意识与匠人精神的根本原因。

门槛低是指美业店院的招聘要求比较低，如对学历、知识、技能、经验等都没有过多的要求。我们来看一家美容店的招聘要求。

招聘职位：美容师学徒

招聘人数：10 人

学历要求：高中

其他要求：经验不限，可接受应届生

任职要求：积极向上，热爱美业，有责任心

我们再来看一下其他行业的招聘要求。

招聘职位：广告设计

招聘人数：2人

学历要求：大专以上

其他要求：熟练使用 PS、CDR 及各类办公软件

任职要求：3 年以上相关工作经验

对比两个行业的招聘要求，我们会发现美业的招聘要求偏低。当然，我们不能完全以学历、知识、技能、经验来判定一个人的优秀程度，但是不可否认，很多时候这些方面的水平反映了一个人的综合素质与学习能力。

进入门槛低会导致从业人员的素质参差不齐，进而影响服务的质量，导致顾客满意度低、新客难成交及老顾客到店率低等不良现象。

存在行业认知偏差

不论是美业从业人员还是一般大众，似乎都对美业存在一定的认知偏差。

不少从业人员认为，自己的工作是一份技术含量不高、随时都有可能被人替代的工作。大众对美业也普遍不看好，不少人认为美业工作是一种没有太大社会价值的服务工作，一般人都能胜任。在这种情况下，高学历、高素质的人才都不太愿意进入这个行业，就更谈不上拥有服务意识和匠人精神了。

强调业绩为王

许多美业店院运营者始终在向员工传递一个观念——业绩为王，并且会用业绩的高低定薪资，业绩不好的员工甚至会被直接开除。于是，员工非常自然地将"服务顾客"与"销售产品或服务"画上等号。这种观念会导致员工为了业绩不择手段。

> 某美容店的店长非常"善于"做熟人、朋友的生意。无论是朋友聚会还是朋友圈，都是她推销产品和服务的"阵地"。一开始，大家碍于情面不得不购买一些产品或服务。但是，很多人买了之后发现，这些产品对他们没什么用，他们也没有时间经常去美容店消费购买的服务。渐渐地，大家都躲着这个店长，不愿意与她见面。因此，她不仅失去了一批顾客，也失去了友情和信任。

案例中这位店长的强行推销方式不但不能提高业绩，反而会影响店院的口碑，导致顾客流失。但是，如果店院运营者一直强调业绩为王，员工难免会因为业绩而忽视服务质量，做出像案例中店长这样的行为。所以，店院运营者的运营理念不合理及服务不强，也是导致从业人员普遍缺乏服务意识与匠人精神的关键因素之一。

缺乏专业、系统的培训

美业从业人员普遍缺乏服务意识与匠人精神除了有自身的原因以外，还有一部分是店院运营者的原因——没有给员工提供专业、系统的培训。

（1）没有建立系统的培训体系

一些规模较小的美业店院没有资源与实力建立系统的培训体系，而有一定规模的美业店院因为很难找到合适的培训部门负责人，也很难组建培训团队，打造科学有效的培训体系。所以，拥有系统、有效的培训体系的美业店院少之又少。

（2）培训老师能力不足

美业的小微型或中小型店院的运营者基本都重业绩、轻管理，所以他们一般不会让业绩好的中高管负责培训，更不会花重金聘请专业的培训老师。这就导致很多美业店院虽然为员工提供了相关培训，但是由于培训老师的能力不足，培训也就成了鸡肋。

（3）培训内容单一

真正意义上的培训应该围绕岗位胜任力来设置，例如，针对新员工的培训，应当包括心态、专业理论、技能手法、品项操作、全程服务、口才训练、岗位职责、规章制度等方面的内容。只有进行全方面的培训，才能解决新员工缺乏积极性、胆小不敢开口、手口不统一、长时间很难有业绩突破及新员工保有率低等问题。

但是，不少美业店院的培训只涉及其中一两项，如专业理论、品项操作。而且，很多店院只用 1 ~ 2 个月的时间就把店院所有品项的操作手法都教给新员工。新员工在这么短的时间内往往很难掌握所有知识和操作手法，也会因为技术水平不高、得不到实践机会而忘记之前学到的知识和操作手法，从而导致虽然花了时间进行培训、效果却并不明显的情况。员工缺乏专业知识和技术，再加上店院忽视企业文化、积极心态、沟通能力等综合性的培训，导致员工很难在一开始就树立服务意识与匠人精神。

当然，导致美业从业人员普遍缺乏服务意识与匠人精神的因素远不止以上几种，具体要根据美业店院员工的实际情况来判断，但是大体上都受以上几种因素的影响。

运营店院时，运营者希望盈利，员工希望赚钱。但是，店院的大部分收入都来自顾客，如果不能为顾客提供满足其需求或引导其产生新需求的服务，店院就很难让顾客消费。

供应链效率低，店院自销能力弱

对于任何一家企业来说，供应链效率的高低都决定了其能不能抓住更多的市场机遇、创造更好的业绩。

《乔布斯传》中提到，为了提高苹果公司的供应链效率，时任副总裁蒂姆·库克将苹果的供应商从 100 家减少至 24 家，并要求这些供应商减少其他公司的订单，还说服很多供应商迁到苹果工厂的周围。此外，库克还将公司的 19 个库房关闭了 10 个。库房减少了，就会出现存货无处堆放的情况，于是库克又减少了库存。

到 1998 年初，时任苹果公司首席执行官史蒂夫·乔布斯将 2 个月的库存期缩短到 1 个月。到 1998 年 9 月底，库克又将库存期缩短到 6 天。到 1999 年 9 月，库存期缩短到了 2 天，有时甚至只有 15 个小时。

苹果公司的这些举措不仅能降低成本，还确保了每一台新产品都能安装最新的组件。归根结底，这些举措其实就是在提高供应链的效率。

即使是苹果公司这样的行业翘楚也在想尽各种办法提高供应链的效率，可见供应链效率对于企业运营和发展的重要性。美业店院运营中存在的问题正是供应链效率低、店院自销能力弱，这导致很多店院天天为业绩发愁，甚至濒临倒闭。

在美业的供应链中，上游是厂商，中游是代理商，下游是美业店院。厂商的任务是生产合格的产品与建立各类销售渠道；代理商的任务除了销售产品，还包括为美业店院的员工提供培训；店院的任务是直接为终端顾客提供优质的服务和产品。但是，在美业市场上，上下游关系的界定十分不明确，导致市场比较混乱、供应链效率低下。

一些厂商为了让代理商与店院对自己的产品更加依赖，会在代理商处建立品牌小组，协助甚至带领品牌小组进行市场的开发与拓展。此外，他们会向店院派驻自己的美容导师或督导进行巡店培训，开展店销活动及终端沙龙活动。

简单来说，厂商为了提高自己的市场份额与业绩，会把代理商当作仓库，把店院当作自己的顾客平台。这样就相当于直接干涉代理商与店院的业务，会影响代理商的开发、拓展与培训服务能力，也会影响店院的专业服务与顾客管理能力，使代理商及店院在整个供应链上的自销能力非常弱。此外，这样做还会让厂商的推广与服务链条过长，成本增加。

当代理商与店院看到厂商赚钱比较容易，而且进入门槛比较低时，他们一方面想节约进货成本，赚取更多的利润，另一方面也想加入原始设备制造商或原始设计制造商的行列。这样一来，最终结果是厂商干了代理商的活，代理商干了店院的活，而店院变成了厂商。也就是说，大家都没有在各自的领域发挥各自最核心的作用、产生最核心的价值。

供应链上下游关系界定不明确的结果是市场混乱，上下游之间难以互补并形成合力。无论是厂商、代理商还是店院，都有可能在进入另一领域时由于不够专业而走很多弯路，进而陷入发展困境。

顾客管理水平低

在同样的销售成本下做好顾客管理，可以让美业店院保持较高的市场占有率。但是，不少美业店院在顾客管理上仍然存在诸多问题，导致顾客管理水平低、市场占有率低。

美业店院的顾客管理水平低主要表现在四个方面，如图 2-7 所示。

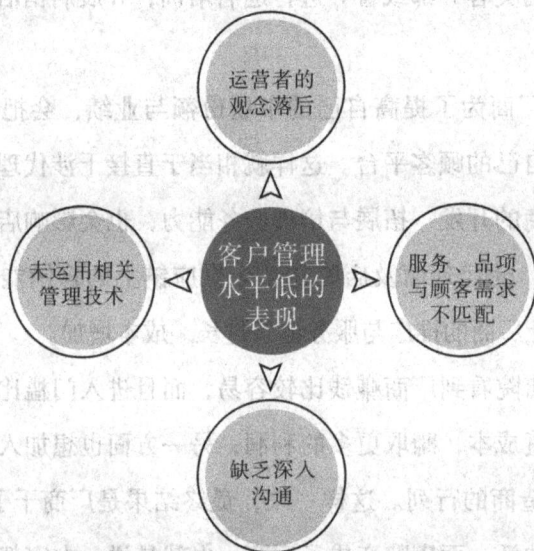

图 2-7 顾客管理水平低的表现

运营者的观念落后

大多数美业店院运营者并不注重顾客管理，他们会把大多数时间和精力都用在品项的销售上。这主要是因为他们没有弄清一个概念：品项是卖给顾客的，只有做好顾客管理，才能了解顾客需要什么品项、想买什么品项，才能基于顾客的需求选择、销售品项，才能从根本上提升业绩。

服务、品项与顾客需求不匹配

对顾客进行管理的本质是要为顾客提供能满足其需求的服务和品项，但是很多店院的服务、品项与顾客需求并不匹配。这主要是因为很多店院在开店之前只会考虑门店的位置、租金等因素，并不会对周边的市场进行调研，锁定自己的目标顾客。

当服务、品项与顾客需求不匹配时，就会出现以下两种情况。

（1）品项同质化现象严重

市场流行什么品项就做什么品项，结果导致同一区域的很多店院的品项出现同质化问题。

（2）品项错位严重

有可能某一个消费水平的顾客可以选择的品项非常多，造成员工推荐不聚焦、顾客选择困难。但是，也有可能出现某一个消费水平的顾客几乎没有品项可以选择的情况，店内的品项难以满足这个消费水平的顾客的需求，最终导致该消费水平的顾客大量流失。

出现以上两个问题的根本原因是店院没有对顾客进行精准分类。美业店院运营者应当根据顾客的消费水平或进店频率对顾客进行分类管理。分类管理能够有效提高店院的服务水平，增强顾客的黏性。

按照消费水平，可以将顾客细分为新顾客（年消费额不超过 1 万元的顾客）、主流顾客（年消费额为 1 万 ~ 3 万元的顾客）、高端顾客（年消费额为 3 万 ~ 5 万元的顾客）及大顾客（年消费额不低于 5 万元的顾客）。针对新顾客，店院应重点跟进的服务内容是新顾客对项目的效果与技师的服务是否满意、整体的体验如何，然后要想办法解决新顾客的问题，促进新顾客成交。针对大顾客，则需要提供个性化服务，为顾客量身定制方案，打造极致体验，让他们感受到店院为其提供了与众不同的服务。

按照顾客的进店频率，可以将顾客细分为动产顾客（平月每月到店 2 次及以上的顾客）、不动产顾客（平月每月到店不及 2 次的顾客）及流失顾客（会员卡上已没有消费金额且 1 年内未到店的顾客，或仍有消费金额但 2 年内未到店的顾客）。针对动产顾客，店院需要进行效果跟踪及顾客关系维护；针对不动产顾客，店院需要进行顾客需求分析，以采取有效措施提高顾客到店频率；针对流失顾客，店院需要采取合适的措施激活这些顾客。

但是，当前很少有美业店院对顾客进行精准分类，大多数店院都是简单地将顾客录入顾客信息系统。这样会导致店院员工无法精准识别顾客的特点和需求，进而无法为顾客提供更专业、更个性化的产品或服务。如此一来，不但顾客的黏性差，店院也难以开发更多的潜在顾客。

缺乏深入沟通

日常与顾客交流较多的是店院的技师或负责维护该顾客的员工，但他们通常只是跟顾客简单地寒暄几句。运用这样的沟通方式很难了解顾客存在的问题是什么、有哪些需求，进而会导致店院无法及时解决顾客的问题。这也是顾客管理水平低的典型表现。

实际上，与顾客进行深入沟通，店院运营者可以了解影响顾客进店消费的因素具体是什么。

（1）价格

顾客之所以不愿意进店消费，很大一部分原因是产品或服务的价格超出了他们的预算。如果与顾客沟通之后发现价格的确是影响他们进店消费的主要原因，那么店院可以采取一些相应的措施。例如，推荐适合顾客消费水平与需求的产品或服务，或者设定梯度差异更明显的价格，或者推出针对新老顾客的优惠活动。当然，店院也可以重点宣传产品或服务的质量、效果、安全性，将顾客的注意力转移到产品和服务上，以降低顾客对价格的敏感度。

（2）**需求**

除了价格以外，顾客考虑更多的是自身的需求。越来越多的顾客在消费时开始关注自身的需求，对于自己不需要或者不想要的产品或服务，哪怕价格再低也不会购买。如果不与顾客进行深入沟通，运营者就无法了解顾客的真正需求。

（3）**态度**

员工的服务态度也是影响顾客进店消费的关键因素。如果不与顾客进行深入沟通，运营者将无从知晓顾客对员工的服务是否满意。但是，这其中也会存在一些美业店院员工热情过度的问题。对于一些追求放松、不喜欢被销售人员打扰的顾客来说，这显然是不合适的。所以，在与顾客沟通时，员工要多了解顾客对服务态度的看法，进而为顾客提供一个舒适、和谐、轻松的消费环境。

（4）**专业**

面对顾客，美业店院的员工应当展现自己的专业知识和专业素养，帮助顾客全面了解产品或服务。但是，并非每一位员工都能这样做到。因此，店院运营者需要通过与顾客的深入沟通了解员工的相关情况，并要求员工按照工作流程和规范严格执行，用专业形象提高顾客满意度与成交率。

以上是影响顾客进店消费或者导致顾客流失的关键因素。如果店院运营者可以通过与顾客进行深入沟通获取以上信息，那么就可以解决顾客的大部分问题，进而留住顾客。当然，运营者能从顾客那里了解到的信息远不止这些，沟通越深入，了解的信息越多，为顾客提供产品和服务时就越精准。

未运用相关管理技术

顾客管理离不开信息技术的支撑，常用的技术包括资料采集、数据管理、销售自动化、市场营销自动化、服务自动化、顾客服务中心等。在这些信息技术的支持下，店院可以建立一个完善的顾客管理体系。顾客管理体系应该有强大的会员管理功能，能够帮助店院进行多维度的数据分析，延长顾客消费的生命周期。常见的会员管理功能有以下几种。

（1）会员档案

会员档案功能可以用于多维度记录店院的会员信息，进而可以精准、高效地做好客户关系维护。此外，它还可以根据会员等级、状态、消费数额、消费频次、最后消费日期等进行筛选查询，并可以向很长时间没有进店消费的会员发送信息，进而"唤醒"沉睡的会员，促进其消费。

（2）节日提醒

节日提醒功能会在节假日、会员生日时向会员发送提示信息。节假日及会员生日是开展营销活动的黄金时期。除节假日及会员生日外，店院还可以根据实际情况选择单独或批量推送祝福信息和营销信息。

（3）预约管理

预约管理功能可以主动、及时地向店院推送预约情况，帮助店院及时了解新增订单，便于店院提前做好相关服务准备，有利于提高服务质量、改善服务体验。

（4）护理日志

护理日志功能可以用于详细记录服务的过程，如顾客的服务体验、存在的问题等。这样有利于店院跟进服务效果，提升服务质量。

（5）会员特权

会员特权功能可以用于根据会员等级设置不同系数的积分奖励及会员折扣，定向为会员推送优惠、促销活动等信息。这种个性化的会员服务可以提高会员的黏性。

但是，很多美业店院的顾客管理仅仅停留在顾客信息采集上，店院运营者并没有使用相关的管理技术建立顾客管理体系，因而很难做好顾客管理。

可以说，顾客管理是现代企业运营和发展的关键动作。但是，美业店院运营者对这方面的认识不够深入，不懂得进行顾客管理，因此阻碍了店院的运营和发展。

高科技应用少，店院扩张速度慢

随着科技的不断发展，互联网、大数据及人工智能等技术已经开始渗透到各行各业，并推动各行各业快速发展。但是，因为美业店院多为小微型企业或中小型企业，其自身实力不足，再加上运营不规范，外部资金很难进入，所以形成了美业店院较少应用高科技的局面。这大大降低了美业店院的竞争壁垒，导致美业店院的扩张速度较慢。

美业店院的生存策略及特色主要体现在服务和技术上。不少美业店院已经开始注重服务质量，而提高服务质量极大地依赖相关技术，所以，未来美业店院之间拼的是技术、高科技。高科技应用为美业店院运营带来的优势如图 2-8 所示。

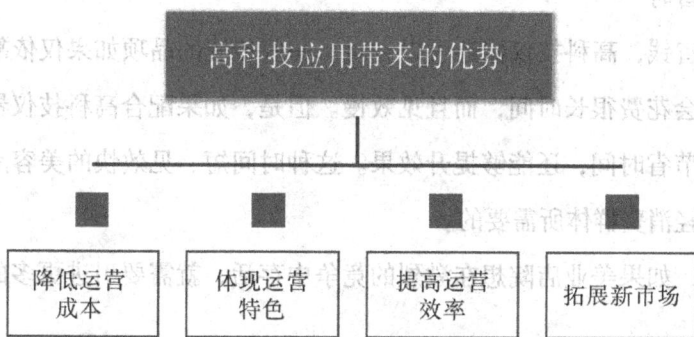

图 2-8　高科技应用为美业店院运营带来的优势

降低运营成本

高科技在美业店院的应用首先体现在引进高科技仪器上。实际上，很多走在时代前沿的美业店院已经引入了高科技仪器。这些高科技仪器可以帮助店院省钱、省时，降低运营成本。

（1）省钱

很多美业店院认为高科技仪器要花很多钱，不相信其能省钱。例如，市场上高科技仪器的价格从几千元到几万元、几十万元不等，后期还需要购买一些相关耗材，还有维修费用等。但从长期看，这些高科技仪器其实是省钱"利器"，虽然短期内看不出效果。

例如，招聘难是美业店院运营者有目共睹的。不仅招聘难，培训也难，而且需要花费大量的时间和金钱，还有可能店院辛苦培养的员工在离职时带着关系好的员工一起离职了。但是，如果引进高科技仪器，就可以在一定程度上填补员工离职导致的技术空缺。而且，一些基础项目的操作相对较简单，员工学习起来比较容易，培训方面的成本也就降低了。同时，仪器会降低顾客对员工的依赖性，进而降低顾客随着员工的流失而流失的风险。此外，高科技的发展日新月异，店院引进的先进仪器越多，就越能降低店院的运营成本。

（2）省时

除了省钱，高科技仪器还可以省时。一些传统的品项如果仅依靠技师操作，不仅会花费很长时间，而且见效慢。但是，如果配合高科技仪器，那么不但可以节省时间，还能够提升效果。这种时间短、见效快的美容品项正是新时代年轻消费群体所需要的。

所以，如果美业店院想在激烈的竞争中存活，就需要引进更多的高科技仪器。

体现运营特色

在高科技时代，顾客进店后如果发现店内没有任何高科技应用，就很可能感觉这家店的档次比较低，由此不会再次进店消费。

2016 年 10 月 12 日，百度糯米与美业 SeeS 服务运营商唯美会在深圳联合举办了一场主题为"智能美业让美业更美"的新闻发布会。会上，美业的首款机器人隆重亮相。

这款美业机器人拥有视像捕捉、人脸识别、语音互动、安全监控、教学辅导、家庭影院、互动聊天等功能。也就是说，它不仅可以为顾客提供美业的相关服务，还能成为一个很好的娱乐伙伴。

美业机器人只是高科技在美业中的一个很小的应用，随着科技的不断发展，高科技在美业方面的应用将会更多。可想而知，如果店院引进了这款机器人，引进更多的高科技应用，那么这些应用就成了店院的运营特色，店院便可以借此吸引更多的顾客。

提高运营效率

人工智能时代的来临也引发了美业的智能化趋势，具体表现在以下三点。

（1）大数据及人工智能技术应用于顾客管理

美业店院运营者可以借助大数据技术收集、分析顾客信息，了解顾客的兴趣、消费习惯等，以提供最适合顾客的产品和服务，更好地管理顾客。

新氧 D 轮领投的兰馨亚洲投资集团合伙人洪德尚曾表示："随着消费升级和'颜值'经济的发展，近年来医美行业快速增长。新氧作为行业的领先者，增长速度较快，用户体验较好。新氧提供的优质服务和内容具有很强的壁垒。"

新氧的成功正是由于采取了"老行业＋新玩法"的方式，构建了一个安全、透明、开放的消费医疗平台。更重要的是，新氧已经看到了美业智能化的发展趋势。未来，新氧将建立一个消费医疗全品类和全场景可触达的智能化商业体。

无论是采用"互联网＋"的方式，还是建立智能化发展模式，都大大助力了新氧的发展，由此也可以看到其美好的发展前景。

（2）人工智能化场景和产品提升顾客体验

近年来，西班牙护肤品牌悦碧施推出了一款美容产品——"The Mindful Touch"护肤疗法。悦碧施相关负责人表示，这是花费两年时间研发出来的虚拟现实护肤疗法。通过虚拟现实技术、面部护理师的按摩技艺和香薰等元素的组合，让顾客进入美妙的虚拟现实世界，从而安抚顾客的负面情绪。

负面情绪主要表现为焦虑、有压力，而焦虑和压力则是引发肌肤问题的重要因素之一。过去，要想让顾客充分放松身心，即使面部护理师的按摩技艺超群，也需要一个半小时的时间。而"The Mindful Touch"的虚拟现实环节仅需要 8 分钟就可以让顾客进入全身心放松的状态，它因此获得了众多顾客的喜爱。

（3）人工智能技术应用于店院运营管理

例如，店院应用智能系统进行大数据选址、拓客管理、档案管理、运营管理等，打造智能化店院管理体系。

从整体上说，这类高科技应用可以在很大程度上提高店院的运营效率，加快店院的扩张速度。

拓展新市场

任何一门新技术的背后都是巨大的市场机会，例如，互联网的诞生带来了电商的发展。对于美业店院来说，高科技的发展也是如此。如果店院可以根据自身定位和顾客需求引进高科技应用，那么店院就能拓展新市场，把握更多的发展机遇。

美业店院要想获得快速发展，就要不断进行技术创新。例如，新一代的光疗护理很受顾客欢迎，店院就要根据顾客群体的特征考虑是否引进这样的高科技品项。高科技应用给美业店院带来了新的市场机会，也为店院的发展提供了新的助力。

纵观消费市场，我们不难发现，随着科技的发展和普及，顾客的需求水平也在不断提高。整个消费市场已经形成了"三高"局面：高品质、高科技、高价位。这种"三高"局面已正式成为顾客的主要消费特点，所以美业店院也应该顺应市场需求引进高科技应用。

有高科技应用消费需求的顾客越来越多，这些顾客将会带来丰厚的利润。美业店院运营者需要意识到这一点，与时俱进，顺应发展潮流。

第3章

志存高远：激活运营者，赋能高管

从某种程度上说，运营者的志向、高管的能力决定了店院的运营效率和发展速度。所以，激活运营者、赋能高管成为美业店院运营的核心。

♣　　♣　　♣

激活运营者：店院运营者的自我修炼

2012 年 11 月，历时 2 年 8 个月成功挽救面临破产的日本航空公司的稻盛和夫，在日经论坛世界运营者会议上说："国家因一人之力而兴，因一人之力而亡，企业亦如此。经营者的能力决定了企业的兴盛衰亡。"同理，美业店院运营者的能力决定了店院的命运和发展前景。所以，美业店院运营者的自我修炼对店院的未来有着至关重要的影响。美业店院运营者自我修炼的第一步就是立志且志存高远。明代哲学家王阳明曾说："志不立，天下无可成之事……故立志而圣则圣矣，立志而贤则贤矣。"这句话的意思是，如果你不立志，你就没有办法建功立业；你立志成为圣人就会成为圣人，立志成为贤人就会成为贤人。同理，美业店院运营者立志运营一家什么样的店院，就会将店院运营成什么样。所以，店院运营者首先要立志，而且要志存高远。

道德层面：高尚的品德是自我修炼的基础

高尚的品德是美业店院运营者自我修炼的基础，也是助力店院健康、持续发展的基础。具体来说，运营者在修炼高尚的品德时要重点关注以下三个方面。

（1）高尚的人格

人格是人类独有的、因先天的遗传素质与后天环境相互作用形成的，能反映人类本质及特点的性格、气质、品德、品质，以及由此形成的尊严、魅力等。很多店院之所以无法持久发展，在某种程度上可归因于店院运营者在店院发展壮大的过程中不能保持高尚的人格。

不能保持高尚人格的运营者会一味追求利益，忽视运营店院的远大理想，甚至有可能为了利益做出违法乱纪的事情。这样的运营者显然不能带领店院走得更远。所以，店院要想做强做大，运营者就必须始终保持高尚的人格。

店院运营者要保持高尚的人格，应做到以下两点：

一是自觉塑造责任人格，要爱岗敬业、履职尽责；

二是自觉塑造求实人格，要踏实干事、实事求是。

（2）宽广的胸怀

胸怀是指一个人的胸襟、气度。店院运营者是店院的大家长、主心骨，是带领店院不断发展壮大的人，这样的人必须拥有宽广的胸怀。拥有宽广胸怀的运营者不仅能运营好自己的店院，还能心系行业和社会，为行业和社会做更多的贡献。这样的运营者才能带领店院发展壮大。

店院运营者要想拥有宽广的胸怀，就要正视自己的行为和情绪，要多站在员工和顾客的角度思考问题，要心平气和地与员工及顾客沟通。

（3）具备大局观

"不谋全局者，不足以谋一域"，这句话体现的是一个人的大局观。拥有大局观，运营者在运营店院的过程中才能审时度势、不骄不躁，才能让店院获得健康长久的发展。在运营店院的过程中，具备大局观的运营者面对任何事都会从长远和全局考虑，善于听取多方意见，权衡利弊，做出有利于店院发展的决策。

心态层面：良好的心态是自我修炼的关键

心态决定一切。所以，美业店院运营者除了要具备高尚的道德，还应当拥有良好的心态。

美业店院运营者在运营店院的过程中会遇到各种各样的问题，也会因此承受巨大的压力。在面对压力时，运营者应当有良好的心态，否则就会在运营店院的过程中漏洞百出，最终导致店院倒闭。

美业店院运营者在心态层面的修炼可以从四个方面着手，如图 3-1 所示。

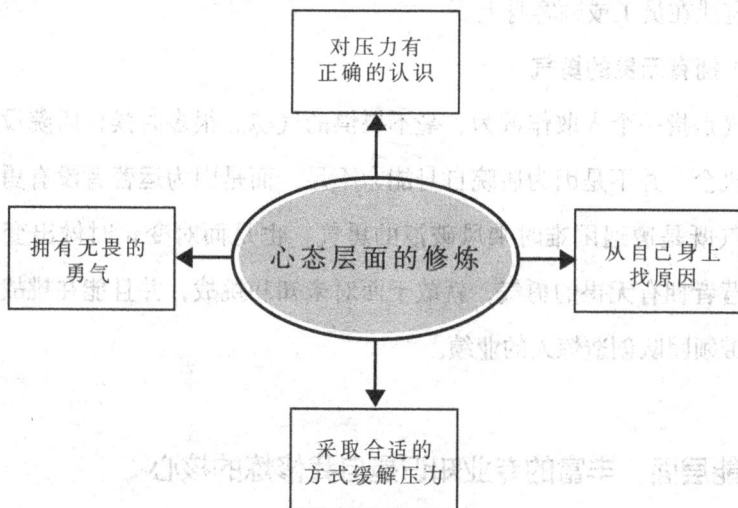

图 3-1　心态层面的修炼

（1）对压力有正确的认识

店院运营者无论多么优秀，在运营店院的过程中都有可能遇到各种各样的挫折。这时，运营者不能一蹶不振，对员工和顾客采取消极抵抗的态度，否则很可能导致员工、顾客大量流失。运营者应当正确认识和对待运营店院过程中的各种压力，这样才能缓解压力、解决问题，让店院健康运营。

（2）从自己身上找原因

在面对巨大的压力时，运营者千万不要怨天尤人，而应该学会从自己身上找原因。怨天尤人只会让自己的心态越来越差、能量越来越少、压力越来越大；相反，从自己身上找原因可以客观地看待、分析问题，并调整心态以积极的状态解决问题。问题解决了，运营者的压力自然就能得到缓解。

（3）采取合适的方式缓解压力

例如，运营者可以采取运动、学习、旅游等方式缓解压力，而不应将不良情绪宣泄在员工或顾客身上。

（4）拥有无畏的勇气

勇气是指一个人敢作敢为、毫不畏惧的气魄。很多时候，店院没有把握住发展机会，并不是因为店院自身能力不足，而是因为运营者没有勇气。这里的勇气既是遭遇困难时乘风破浪的勇气，也是面对变化时做出变革的勇气。运营者拥有无畏的勇气，就敢于面对未知和挑战，并且能在挑战中把握机遇，带领团队创造惊人的业绩。

技能层面：丰富的专业知识是自我修炼的核心

有个成语叫"有勇有谋"，是指既要有胆量也要有谋略。对于美业店院运营者而言，丰富的专业知识就是谋略，它既能让运营者在运营店院的过程中保持理性和专业，又能够使员工信服，更好地管理团队。

具体来说，美业店院运营者应当具备以下几个方面的专业知识。

（1）医学方面的知识

美业店院的很多产品和服务或多或少会涉及医学方面的知识，因此店院运营者应当有医学方面的知识储备，如生理学、皮肤病学、中医基础理论、经穴的位置和作用、按摩手法、辅助训练技术等知识。

（2）心理学方面的知识

运营者要想将服务和产品销售给顾客，就要知道顾客心里在想什么、顾客想要什么。所以，美业店院运营者要掌握一定的心理学知识，包括营销心理学、消费心理学、服务心理学等。

此外，美业店院运营者还应当储备疾病心理学、护理心理学、青年心理学、老年心理学、女性心理学等心理学知识。因为在社会经济不断发展的时代，人们的生活节奏加快，精神压力不断增大，这些也会使身体出现问题。通过心理沟通，可以减轻顾客的精神负担，有利于其保持身心健康。

（3）营养学、卫生保健方面的知识

营养学、卫生保健也是美业服务常用的知识，因此店院运营者也需要注重这方面知识的储备。营养学方面的知识包括植物营养学、动物营养学、人体营养学等，卫生保健方面的知识包括卫生知识、健身知识、化妆品知识等。

（4）管理学方面的知识

美业之所以中小微型企业比较多，最核心的原因之一就是店院的总部建设与团队组建及复制等方面出现了较大的问题。很多店院运营者是专业技术人员出身，他们可能是技术专家或销售高手，但不是管理专家。在这样的运营者的带领下，店院刚开始或许能获得一些利润，但是很难长久发展并实现扩张。因此，店院要想长久发展与扩张，店院运营者就必须学习一些管理学方面的知识，突破团队建设与管理的瓶颈，进而加快店院的发展与扩张速度。

除了以上与美业相关的知识外，美业店院运营者也需要多学习历史、地理、传统文化等方面的知识。知识越渊博，对事物的认识越深刻，处理问题就越轻松，也就越利于店院的运营。

店院要发展壮大，首先依靠的是运营者的领导力。所以，运营店院的首要任务是激活运营者的能量。而要激活能量，运营者就要对自己提出要求，进行全方位的自我修炼。

赋能高管：打造出色的创始团队

一家店院绝不可能只依靠运营者一个人就形成"千军万马"之势，尤其在瞬息万变的市场中，"单枪匹马"难以占据优势。所以，店院要想获得更好的发展，除了要激活运营者的能量外，还应当赋能高管，打造一支出色的创始团队。

创始团队的基本要求

创始团队一般是指店院的高层管理人员，所以人数不宜过多。创始团队的人数过多不仅会加速店院的现金消耗，还会分散团队的注意力，将过多的时间和精力花在人员的安排、沟通和管理上。在这种状态下，店院的发展就会受到影响。所以，美业店院初创时不能盲目追求团队规模，一般处于高管位置的创始团队规模以 3 ~ 6 人为宜。

通常情况下，美业店院的创始团队应当包括六类人才：决策者、营销者、经营者、人力资源管理人员、财务和金融人员、法务咨询人员等，如图3-2 所示。

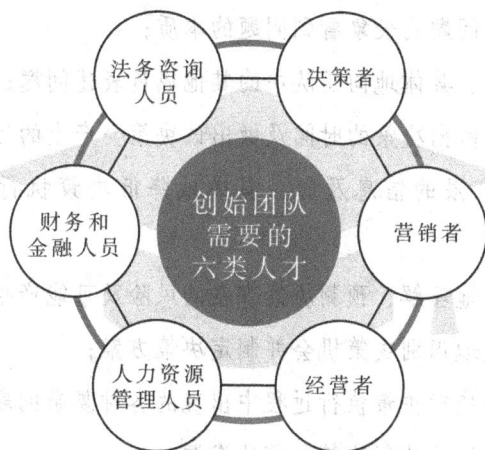

图 3-2　创始团队需要的六类人才

在现实中，创始团队很难正好集齐这六类人才。我们可以在现有团队人才组成的基础上采取一人承担多种角色的方式进行补充。例如，运营者是专业营销人员出身，那么他在团队中就既是决策者也是营销者。此外，也可以采取向外借力的方式补充创始团队的人才。例如，法务咨询、财务和金融及人力资源管理这种专业性非常强、内容又相对单一的工作，可以与专业机构合作完成。

当然，这一切的前提是我们必须清楚店院创始团队需要的这六类人才应承担的职责及应具备的素质。

（1）决策者

决策者是指在团队中拥有决策权或对决策有较大影响的人。美国管理学家赫伯特·西蒙指出，决策是管理的心脏，管理是由一系列决策组成的，管理就是决策。所以，创始团队首先需要的人才是决策者。

因为决策者至关重要，所以不是谁都能担任这个角色的。

担任决策者这个角色的人应当具备以下素质：

①能够透过问题的表象看到问题的本质；

②能够清晰、具体地向团队中的其他成员表述问题；

③明确必须做出决策的时间及做出该决策会产生的后果；

④能运用有限的信息及时、有效地降低决策执行过程中的不确定性；

⑤能够较好地理解、预测决策存在的风险及可能产生的后果；

⑥能够有效地识别决策机会并制定决策方案；

⑦能够轻松应对决策执行过程中出现的各种复杂问题；

⑧能够精准评估执行决策所需的资源；

⑨能够高效执行决策方案。

从以上对决策者的素质要求可以看出，决策不是一个简单的动作，而是经过深思熟虑后的选择，它关系着团队的发展、店院的运营。所以，决策者应该是具备多种素质的复合型人才。

（2）营销者

营销是一家店院的经济命脉，所以创始团队中必须有营销者。营销者的能力直接决定了店院的收益。在通常情况下，营销者要有较好的沟通能力、市场开发能力、数据分析能力及应变能力，而且要熟悉营销模式，掌握营销管理策略及拥有丰富的营销管理经验。

营销者在创始团队中的职责如下：

①负责品牌的宣传和建设；

②负责市场调查、企划工作；

③负责线上线下的新客引流并建立店院的私域流量池；

④负责新店拓展的选店、选址、沟通、装修、开业等事宜；

⑤负责制定、实施各种营销活动，并对营销收入及营销费用进行管理；

⑥参与店院年度述职与规划工作报告的编制，负责向财务部提供相关资料；

⑦参与制定店院的发展战略，负责向产品部提供市场状况及趋势分析报告；

⑧参与新项目的体验与研发，负责向教育部门提供新项目的顾客体验及感受信息。

以上是营销者在创始团队中应当承担的职责，也是增加店院收益必须要做的工作。

（3）经营者

经营者是指对促进店院发展的各环节工作进行管理的人员。所以，店院创始团队中必须有经营者。经营者的能力将对店院的运营效率和业绩产生重要影响。

经营者在创始团队中的职责如下：

①参与及实施店院每月的营销活动，达成每月的业绩指标及利润指标；

②分析店院数据和行业标杆标准，对店院的运营进行数据化管理，

从而不断优化店院的基本面（动产人数、日均客流量、新顾客成交人数这三个数据统称为店院的基本面）与大顾客人数；

③对接及安排、实施团队培训，如心态培训、品项的专业培训、岗位胜任力培训等，负责店院团队的带教与成长突破；

④参与或负责召开店院的各类会议；

⑤收集顾客的反馈和建议，有针对性地提升团队的服务水平，提高顾客满意度；

⑥及时更新店院的硬装及软装，积极维护店院的各类仪器设备，保持雅致、整洁的服务环境。

（4）人力资源管理人员

人才是团队的根本，管理好人才，才能管理好团队。所以，创始团队必须有专业的人力资源管理人员。

人力资源管理人员在创始团队中的职责如下：

①通过团队成员之间的有效分工、协作，使团队中的每一位成员都有明确的角色定位及岗位价值；

②统一团队成员的目标，确保所有成员朝着同一个目标迈进；

③打造良性的用人机制和管理机制，如薪酬激励机制，这样更能激发团队成员的潜能，实现个人价值的最大化；

④明确实现团队目标所需具备的核心岗位胜任力，进而通过筛选引进与团队发展方向相匹配的人才；

⑤分析团队成员为实现团队目标应当具备的能力，通过宣传扩大积极的影响，同时排除一切不利于团队发展的负面因素；

⑥从店院长远发展的角度出发，确立团队愿景、使命及价值观，帮助员工进行个人职业生涯规划，并帮助员工提升个人能力，实现团队和员工的双赢；

⑦建设团队文化，培养团队成员之间的默契，形成合力。

团队要互相协作、互相信任才能形成合力，才能创造高绩效，促进店院顺利、健康地运营。要实现这个目标，就需要依靠专业的人力资源管理人员。

（5）**财务和金融人员**

专业的财务和金融人员能够正确处理店院与各方面的经济关系，可以提高店院的经济效益。因此，美业店院的创始团队也应当包含这类人才。

财务和金融人员在创始团队中的职责如下：

①负责店院的日常财务核算，参与店院的运营管理，拟订并完善店院的财务制度、会计审核制度等；

②根据店院资金的运营情况合理调配资金，确保店院正常运转；

③收集店院运营活动情况、营业收入、费用开支、资金动态等相关数据，并进行分析、建议，定期向决策者报告；

④负责店院各项资产的登记、核对、抽查、调拨，确定资产的资金来源；

⑤负责对外投资、融资等工作；

⑥负责绩效奖金核算、年度预算数据汇总等工作；

⑦收集有关单据并进行审核及账务处理；

⑧负责税务核算及申报工作。

任何团队、企业的运营都离不开专业的财务和金融人员，只有他们发挥作用，资金才能流动起来，企业才能正常运营。

（6）法务咨询人员

法务咨询人员是指专门负责处理法律事务的工作人员，他们在美业店院创始团队中的主要作用是帮助店院预防风险，争取无争议、无诉讼。

法务咨询人员在创始团队中的职责如下：

①法务咨询人员应多与团队的其他成员沟通，了解店院的运作流程，关注店院运营中产生的问题，并提出解决方案；

②摸清运营中各个环节可能存在的风险，并采取措施降低风险，预防争议诉讼，提高运营效率。

虽然创始团队很难在短时间内集齐这六类人才，但是店院运营者必须从这六个方面打造创始团队，同时要注意提高招聘的门槛，控制团队规模和成本规模，为创始团队创造更多的生存机会。

创始团队成员要志趣相投

店院运营者在成立创始团队时应当重点衡量各成员的愿景、使命、价值观是否与店院的发展方向一致，是否能同心协力向前走，为实现企业愿景做出努力；不畏挑战和困难，相互扶持等。一旦团队成员的价值观、行为出现不一致的情况，店院的发展就会受阻，甚至有可能给店院带来毁灭性的打击。所以，店院运营者在选择团队成员时，为了降低各方损失，从一开始就应招聘志趣相投的成员，帮助团队迅速发展。

一个出色的创始团队在店院的成功运营和发展中起着至关重要的作用。所以，店院运营者在打造创始团队时应当明确团队需要什么样的人才，然后选择适合团队的人才。一个信念一致、步伐一致的创始团队将会助力店院稳健发展。

美业店院的机会与志向

未来我国美业的发展机会将成倍扩大，市场规模将达万亿级。机会来临的时候，也就是美业店院需要明确发展志向并努力实现志向的时候。

美业店院的机会

从目前美业市场的发展状况来看，美业店院的机会是巨大的。

（1）市场规模在不断扩大

智研咨询发布的《2020—2026 年中国医疗美容行业发展现状调研及未来趋势预测报告》显示，我国美业市场是全球增速最快的市场之一，2019 年我国美容行业整体市场规模约为 8 280 亿元，其中生活美容市场规模约为 7 482 亿元，医疗美容市场规模约为 798 亿元。无论是生活美容市场规模还是医疗美容市场规模，2011—2019 年的 9 年间均呈现明显的增长趋势，如图 3-3 所示。

我们从图 3-3 可以直观地看出，无论是生活美容市场规模还是医疗美容市场规模都在不断扩大，这意味着美业的市场规模在不断扩大。对于美业而言，这是巨大的机会。所以，美业从业人员不要只盯着眼前的困境，而应当采取行动突破困境，以把握更多的发展机遇。

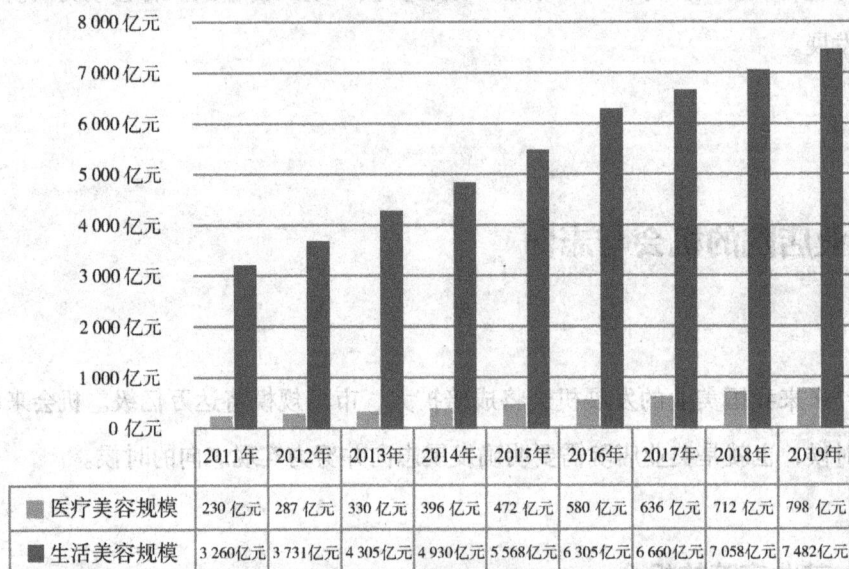

	2011年	2012年	2013年	2014年	2015年	2016年	2017年	2018年	2019年
■ 医疗美容规模	230 亿元	287 亿元	330 亿元	396 亿元	472 亿元	580 亿元	636 亿元	712 亿元	798 亿元
■ 生活美容规模	3 260亿元	3 731亿元	4 305亿元	4 930亿元	5 568亿元	6 305亿元	6 660亿元	7 058亿元	7 482亿元

图 3-3   2011—2019 年我国美容行业细分市场规模

（2）消费情况发生改变，机会来临

消费情况发生改变是指消费者的消费观念、消费结构、消费需求、消费能力正在发生改变，如图 3-4 所示。任何一种变化的背后都蕴藏着新的机会。

①消费观念发生改变

过去，人们在消费时崇尚物美价廉与实用，简单地说，就是消费仍属于生存型消费。随着时代的发展和人们生活水平的提高，生存型消费观念的影响越来越小，享受型消费观念逐渐成为主流。这种趋势有以下四个标志：

一是交通通信消费增加；

二是文化教育消费增加；

三是旅游娱乐消费增加；

四是保健养生消费增加。

美业有很多服务和产品属于保健养生的范畴，如体质调理、慢病预防

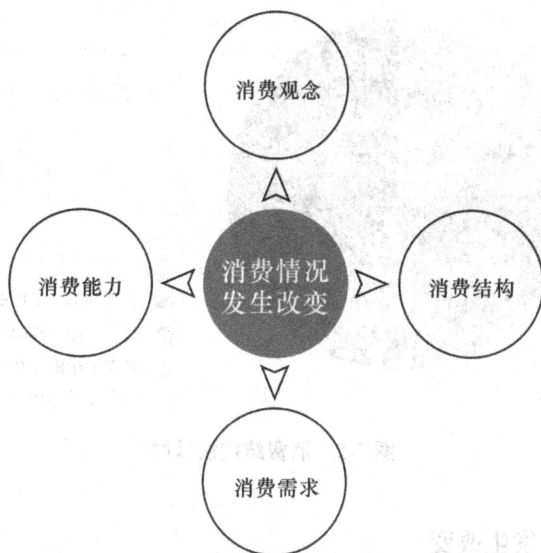

图 3-4　消费情况发生改变

等。因此，人们在保健养生方面的消费需求增加将带动美业很多服务和产品的发展，为美业带来更多发展机会。

②消费结构发生改变

随着我国居民人均可支配收入水平的提高，消费结构也发生了很大的变化——由数量转向质量、由物质转向精神、由生存转向发展。

中研普华产业研究院对美业消费者进行了相关研究。研究表明，42.5%的消费者每月在各美业项目上消费 500 ~ 1 000 元；35.3% 的消费者每月消费 300 ~ 500 元；7.4% 的消费者每月消费 1 000 元以上；14.8% 的消费者每月消费低于 300 元。消费结构如图 3-5 所示。

国家统计局数据显示，2019 年上半年居民人均衣着消费支出 731 元，人均生活用品及服务消费支出 621 元。相较而言，居民在美业项目上消费的金额是不低的。这个不低的消费金额意味着消费结构开始升级，人们开始越来越多地消费美业方面的服务和产品，而这正是美业店院发展的机会。

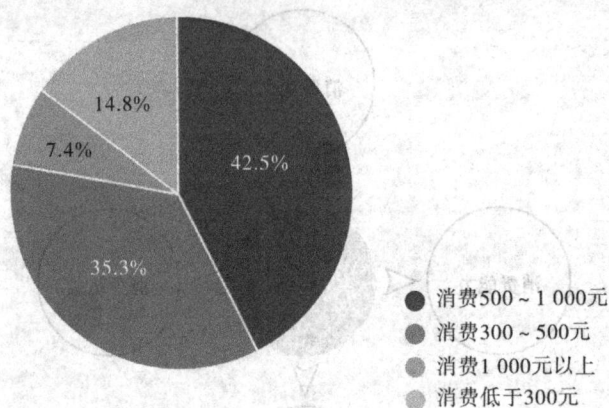

图 3-5　消费结构饼状图

③消费需求发生改变

以前人们对美的需求可能只是一件衣服或者一件首饰，但是现在人们对美的需求不断增加。这意味着"颜值经济"时代的到来。

2020 年 1 月 15 日，移动开发者服务平台 MobTech 研究院发布了《2019年中国颜值经济洞察报告》（以下简称"报告"）。报告显示，"颜值经济"的主要载体是拍摄美化市场、美妆个护市场、泛二次元服饰市场、潮鞋市场、运动健身市场和医美市场。其中，美妆个护市场和医美市场的规模占比较大。

此外，医美电商 App 月用户规模由 2018 年 11 月的 175 万人增长至 2019年 11 月的 456 万人，庞大的用户群带动了医美市场快速增长。

从这些数据来看，我国的"颜值经济"正当时，并且还在不断发展。这对于美业来说，机遇是空前的。

④消费能力发生改变

《中国美业白皮书 2017—2018》数据显示，2017 年我国美业产值已突破1.36 万亿元，其中有 80% 的业绩是占消费群体 20% 的中产阶级贡献的。我国的中产阶级人数已经高达 2.25 亿，这是一个由 20 ~ 45 岁人群组成的消费群体。他们没有生存压力，不担心明天没有钱花。但是，他们开始担心衰老、死亡、生活单调等问题。所以，他们开始追求更精致、更有品质的生活。

我们来看一下学历与美业消费的联系。

美丽加提供的数据显示，月收入 6 000 元以上、高学历的人群在美业消费群体中占有较大的比例。一线城市拥有本科学历的美业消费者约占 58.8%，拥有研究生及以上学历者占 17.1%，超过 75% 的美业消费者拥有本科及以上学历。在收入方面，月收入 6 000 ~ 10 000 元的消费者占 41.6%，月收入 10 000 元以上者占 37.1%。

图 3-6　不同学历、收入的消费者在美业消费群体中的占比情况

我们从图 3-6 中的数据可以看出，高学历且收入在 6 000 元以上的消费群体在美业消费者中占比非常高，他们在美业市场消费投入的增加为美业未来的发展创造了更多机会。

虽然美业店院的转型仍面临着不少困境，但是从市场机会、消费情况的变化来看，未来美业店院的发展机会是巨大的。所以，作为美业店院的运营者，应当对美业的未来抱有信心。

美业店院的志向

美业店院的志向其实就是美业店院未来的发展趋势。具体来说，美业的发展呈现四大趋势，如图 3-7 所示。

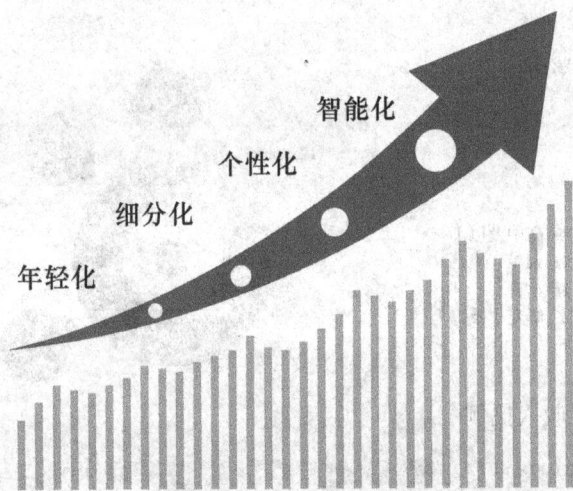

图 3-7　美业的四大发展趋势

（1）年轻化

新氧发布的《2018 年医美行业白皮书》显示，我国每 100 位医美消费者中有 64 位是"90 后"，19 位是"00 后"。虽然这仅是医疗美容领域的消费数据，但也在很大程度上体现了我国美业消费群体的年轻化趋势。因此，未来能够满足年轻化消费群体需求的美业模式将抢先占领市场。

（2）细分化

过去，绝大多数美业店院采用的是综合性运营模式。随着时代的发展，采用综合性运营模式的店院将逐渐被市场淘汰，未来美业店院将走向细分化运营，打造自己的特色。例如，小而美的美甲美睫店、男性美容店等。

我们看一下男性美业市场。过去，绝大部分美业店院仅针对整体女性市场，并未进行性别细分。但是，随着时代的发展和男性美容需求的增加，男性美业市场的潜力开始显现。《2018 中国男士美妆护肤消费趋势报告》显示，在 2017 年 8 月至 2018 年 7 月的近一年时间里，男士护肤市场规模突破了 30 亿元。由此可见，未来男性美业市场有望成为美业巨大的潜在市场。

因此，未来美业店院要重点关注男性市场，在男性市场上不断细分，有针对性地提供能满足男性需求的产品，如适合他们肤质的护肤品和化妆品等，把市场做大做强。

未来美业发展的趋势就是要解决店院运营的痛点，如产品同质化、服务不到位、产品无效果等。细分化运营模式要求店院的运营者清晰地知道自己的核心竞争力所在，在此基础上聚焦核心竞争力，这样才能在细分市场上成为领导者。

（3）个性化

随着个性化消费时代的来临，个性化也将成为未来的发展趋势。

> 创业公司 LOLI Beauty 将膳食的自主搭配模式应用于化妆品的个性化组合。他们根据消费者的个性化定制需求提供各种化妆品的原料和制作说明书，然后由消费者自己制作化妆品。之后，LOLI Beauty 又开发了基底、混合配料和美容食谱三种搭配类目，进一步实现个性化服务。

在个性化方面，美业店院运营者一定要关注消费趋势的变化，不断创新自己的服务模式和产品结构，只有这样才能真正实现突破。

（4）智能化

传统美业已经是一个相对成熟的行业，其运营逻辑和商业模式已经固化。因此，美业店院很容易遇到发展瓶颈。但是，互联网技术、智能科技设备、大数据技术的发展可以让美业店院向智能化方向发展，为消费者提供便捷的、个性化的服务。未来，智能化店院有望在美业中集中爆发。这是趋势，更是美业店院的运营者应当把握的机遇。

每一个投身于美业的运营者如果不能积极地拥抱变化，将注定被时代抛弃。相反，店院运营者如果能把握美业的发展趋势，并及时调整自己的运营策略，就很有可能赢得未来。

第 4 章

从 0 到 1：单店盈利建模及样板打造

当店院有了清晰的长远发展目标后，运营者需要思考的是如何实现目标。对于美业店院运营者来说，实现目标的第一步就是打造一家赚钱的店院。

❖　　❖　　❖

店院定位：进行差异化竞争，锁定目标顾客

　　店院定位是指从门店的特色入手，进行差异化竞争，锁定目标顾客，巩固店院的优势地位，为店院在市场竞争中赢得更多发展机遇。但是，很多美业店院运营者对店院并没有清晰的定位，不知道自己究竟要运营一家什么样的店院。他们可能只是将店院当作一个卖场，市场上流行什么，店里就卖什么，什么好卖，店里就卖什么，永远都在跟风。这也是很多美业店院运营状态不佳、难以扩张的主要原因。具体来说，不对店院进行定位往往会产生以下三个问题，如图 4-1 所示。

　　首先，盲目运营，店院难盈利。如果定位不清晰，店院就很难找准自己在市场中的位置。这时店院往往就会随大流，市场上流行什么，就卖什么。在这种盲目运营的情况下，顾客很难弄清店院能为自己提供什么样的服务和产品，也就不会进店消费，店院自然就难以盈利。

　　其次，盲目引进，品项难销售。如果店院的业绩不佳，店院的运营者通常采用的方式就是引进新品项，然后对老顾客进行新一轮的新品项开发，从

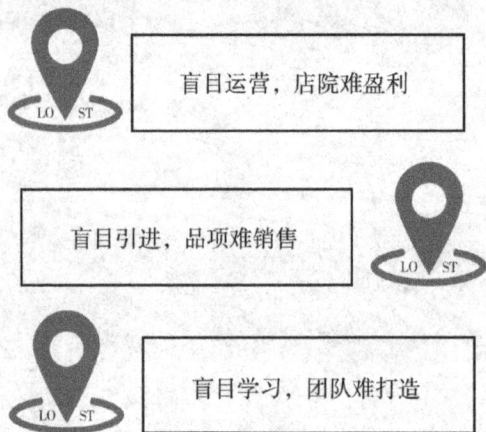

图 4-1　不对店院进行定位会产生的问题

而达到提升业绩的目的。但是，这种方式很容易造成店院员工和顾客的流失，而且不一定能提升销售业绩。

对于员工来说，对一个品项还没有完全深入了解并熟练掌握，又要开始学习新的品项，这会导致员工对新品项和旧品项的了解都不足，无法为顾客提供专业的服务。对于顾客来说，刚适应一个品项又要了解其他品项，这很容易让他们感到疑惑，而且会降低他们对店院的信任。所以，盲目引进品项会导致店内的品项滞销。

最后，盲目学习，团队难打造。店院的员工需要学习的内容非常多，包括每次引进的新品项、每月的促销活动、厂商或代理商的定期培训、员工或高管的技能培训、岗位胜任力培训等。此外，员工还需要学习相关的专业知识、技术手法、沟通技巧，以提升综合能力。成功内化所学的知识与技能本身就不是一件容易的事情，会消耗员工大量的时间和精力，让员工感受到巨大的压力。如果无计划地让员工学习，员工的工作情绪、忠诚度都会受到极大的影响，团队建设也会受到影响。

以上三个问题是影响店院经营和发展的重要问题。所以，店院要想健康、持续地运营和发展，首先就要做好定位工作。

店院定位就是明确店院要做哪类顾客的生意；针对这些目标顾客，店院能提供什么样的产品或服务。要回答这两个问题，店院运营者需要做好三个方面的分析，如图4-2所示。

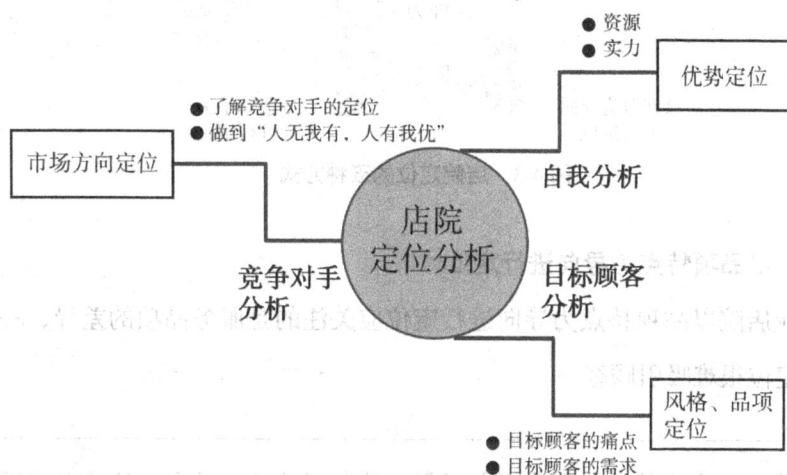

图4-2　店院定位分析

首先，店院要进行自我分析，全面了解自己拥有哪些资源和实力，进而对店院的优势进行定位。

其次，店院要对竞争对手进行分析，和竞争对手进行差异化定位，争取做到"人无我有，人有我优"，以明确自己的市场方向。

最后，店院要对目标顾客进行分析，了解目标顾客的痛点和需求，做好店院的风格、品项定位。

对店院进行定位其实就是要明确店院的优势、市场方向、风格及品项，然后在此基础上确定用于锁定店院目标顾客的运营策略。通常来说，店院可以使用以下五种方式进行定位，如图4-3所示。

图 4-3　店院定位的五种方式

（1）以品项特点为导向进行定位

美业店院以品项特点为导向进行定位应关注的是服务品项的差异，一般的品项定位很难吸引顾客。

> 某美容店的核心品项是面部问题肌肤护理项目。于是，该店以"面部肌肤问题解决方案"为导向进行定位。首先，该店仅为顾客提供面部问题肌肤护理相关的服务和产品，帮助顾客解决面部斑点、痘痘、敏感、疤痕等问题。其次，在员工培训方面，该店非常注重对员工进行面部问题肌肤的疗程搭配及技术手法的培训。最后，该店在仪器设备的引进和应用方面选用了较先进的面部肌肤检测仪器与面部肌肤治疗仪器。

案例中的美容店采取的就是以品项特点为导向进行定位的方式，当顾客想解决面部斑点、痘痘、敏感及疤痕等问题时就会想到该美容店。美业店院的品项是店院运营的核心，也是吸引顾客的关键，所以店院在定位时可以挖掘品项的特点并以此为导向进行定位。但是，这种定位方式仅适用于品项具有一定特色和优势的店院，否则店院需要较长时间的培养和积累才能形成一定的市场竞争力。

（2）以目标市场为导向进行定位

美业店院以目标市场为导向进行定位是为了锁定目标顾客。例如，某祛斑美容店锁定的是对祛斑有需求的顾客，某植发美容店锁定的是对植发有需求的顾客。店院要想以目标市场为导向进行定位，首先必须锁定某个具有某种特殊需求的目标顾客群体，以深挖垂直细分领域为运营宗旨，避免盲目扩张。其次，店院要对目标顾客的需求进行深入挖掘，不断优化和升级品项，为顾客提供更优质的服务。

（3）以竞争对手为导向进行定位

以竞争对手为导向进行定位其实就是要打造差异化品牌，通俗地说就是要提供竞争对手没有的品项，或者做得比竞争对手更好。例如，竞争对手提供祛斑品项，那么我们可以定位于美白、抗皱。这种定位方式也是很多美业店院常用的，但采取这种方式进行定位极易形成盲目跟风、恶性竞争的局面。所以，这种定位方式一般只适用于开店初期，不适合已经运营一段时间的店院。

（4）以利益为导向进行定位

以利益为导向进行定位关注的是产品或服务给顾客带来的利益。产品的利益主要是指产品能够满足顾客的哪些需求，如祛斑、补水、除皱等；而服务的利益更多是指给顾客带来的感觉、体验，例如，让顾客觉得来该店消费能够彰显自己的身份。

南京某美容美体有限公司主营进口大品牌美容品项，主要包括瑞士法尔曼、日本澳尔滨、美国蓓丽雅。这三个品牌都是全球知名品牌，所以店院的很多消费者都会慕名而来。

运营者从顾客利益的角度去思考,寻找更多、更新颖的定位方向,不但能够快速见效,还能够打造长期的核心竞争力。但是,这种定位方式对店院的资源和实力要求比较高。

(5)以高端为导向进行定位

以高端为导向进行定位关注的是顾客的心理需求、身份需求等。美业消费群体具有一定的特殊性,他们到店院消费不只是为了满足祛斑、减肥、理发、美甲、纹眉等需求,更是为了满足自己在某个方面的心理需求或者身份需求,如尊重、舒适、愉悦等。因此,在品项相似、价格也差不多的情况下,店院在装修、产品包装或者品牌特征等方面独具个性更易吸引顾客。例如,某美容店以高端私人专用包间吸引了一些希望凸显高贵身份的顾客前来消费。

很多美业店院以高端为导向进行定位时仅仅注重装修、产品包装方面的高端设计,不太注重品牌特征和个性的塑造,最终投入了很多资金和精力,却很难在顾客心中留下深刻的印象。所以,店院以高端为导向定位时不能只注重外表的高端,也要注重内在的高端,即要注意实现店院品牌的个性化、差异化。

美业店院在对店院进行定位时可以借鉴以上五种定位方式。但是归根结底,美业店院的定位一定要把握两点:一是要实现店院的差异化运营;二是要了解顾客的需求和消费心理,锁定目标顾客群。只有做好了这两点,店院定位才能真正助力店院的发展。

现有店院赋能:重构单店盈利模式

如果一家美容连锁店旗下有 10 家美容店,但是其中只有 2 家盈利,其余 8 家都处于亏损状态,那么这家美容连锁店的发展及扩张模式就是失败的。

所以，美业店院要想形成健康的发展及扩张模式，就应当为现有店院赋能，提升单店盈利能力，确保开一家店，这家店就能盈利。

一般来说，判断单店盈利能力有两个重要的参考指标：利润率和坪效。

利润率是反映店院在一定时期内利润水平的相对指标。一般情况下，如果美业店院能在一定时期内达到 20% 的利润率，那么其单店盈利能力就可以说相当不错了。

坪效是目前通用的衡量店院的经营效益指标（坪效＝年度营业额／经营面积）。一般美业店院的坪效标准为 1 万～2 万元，医美店院的坪效标准为 3 万～6 万元，超出这个标准，说明店院的盈利能力非常强。

美业店院运营者可以重点关注自己店院的这两个指标，以判断店院的单店盈利能力。如果店院的这两个指标都不达标，那么店院就应当为现有店院赋能，即重构单店盈利模式。

单店盈利模式有八个要素，如图 4-4 所示。店院要重构单店盈利模式就需要做好这八个方面的工作。

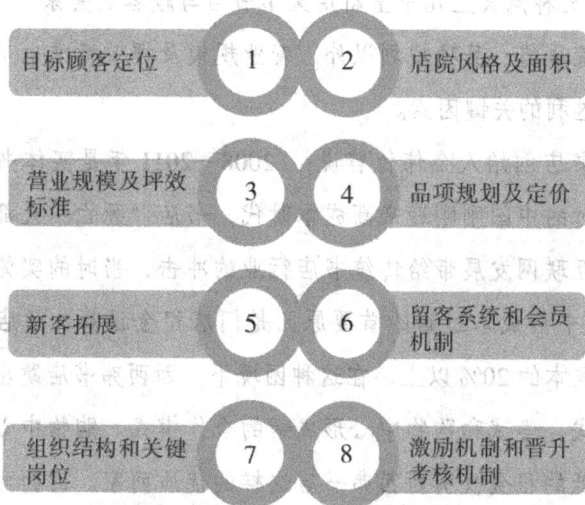

目标顾客定位	1	2	店院风格及面积
营业规模及坪效标准	3	4	品项规划及定价
新客拓展	5	6	留客系统和会员机制
组织结构和关键岗位	7	8	激励机制和晋升考核机制

图 4-4 单店盈利模式的八个要素

我们以书店行业的西西弗书店为例，来看一看重构单店盈利模式需要关注的要素。

在移动互联网时代，尽管实体书店受到线上书店的冲击，但是西西弗书店仍然保持着不断开新店的扩展速度，且盈利状况良好。

西西弗书店的成功运营得益于三个因素：店院风格、品项规划、营业规模及坪效标准。

西西弗书店的定位是"多元化经营的文化空间"，所以独创了"物理书店＋阅读体验＋书友会＋信息交流"的书店风格，如店内配备了免费阅读区、自营品牌咖啡区等。顾客可以在店内边喝咖啡边免费阅读各种书籍，也可以在店内举办书友会，还可以和朋友相约在店内聊天……这样一家多功能书店总能吸引顾客到店消费。

西西弗书店实际上是基于目标顾客群体——大学生及白领进行精准定位的，从店院风格到品项规划及定价都满足了大学生及白领的消费需求，如免费阅读区配有沙发、椅子等。可以说，西西弗书店跳出了"书商思维"，在某种意义上几乎重新定义了书店与顾客的关系。

除了店院风格、品项规划以外，营业规模及坪效标准也是影响西西弗书店单店盈利的关键因素。

西西弗书店创始人金伟竹曾说："2008—2011 年是实体书店最艰苦的 3 年，当时的中国刚刚迎来高成本时代，书店'死亡'大都因为成本过高，加上互联网发展带给传统书店行业的冲击，当时的实体书店非常难熬。"实体书店成本过高的首要原因是门店租金过高。门店租金几乎占书店运营成本的 20% 以上。在这种困境下，西西弗书店跳出传统的租用门店的模式，尝试和购物中心形成新的合作模式。购物中心为了增加流量，用极低的租金吸引西西弗书店这样的优质商家。而西西弗书店借此机会将门店租金控制在书店运营成本的 10% 以下，并且顺利在各大型购物中心开店，确保每家店都可以盈利。

店院风格、品项规划、营业规模及坪效标准都是重构单店盈利模式的关键要素。西西弗书店正是因为关注了这些关键要素，并根据自身情况和市场情况对这些要素进行重构，才得以顺利运营和发展。对于美业店院来说，这种重构单店盈利模式的方式具有很大的参考价值。

（1）目标顾客定位

目标顾客定位即店院要明确自己要为哪类顾客提供服务。运营者首先对店院的品项进行梳理和分析，了解这些品项能满足哪些顾客的需求，进而确定目标顾客。

美业店院的业务范围大致包括两个方向，一是美容，二是健康护理。这基本就决定了美业店院的顾客群体主要是女性。但是，这种顾客定位范围太大，容易导致顾客定位不精准。所以，店院还应该根据品项的特点、价格和门店的档次等对顾客进行精准定位。例如，如果门店的档次比较高，主营年轻女性的面部护理项目，那么目标顾客就应是收入水平较高的年轻女性。

美业店院的目标顾客定位是一门比较复杂的学问，要求店院运营者做好充分的前期市场调查，了解目标顾客的需求、偏好，这样才能精准定位目标顾客，从而为店院的运营及营销活动的开展创造有利条件。

（2）店院风格及面积

美业店院的风格及面积要根据店院的定位、目标顾客及店院的资源和实力来确定。例如，如果店院的目标顾客是收入水平较高的年轻女性，而且店院的资源、实力都不错，那么装修风格就要温馨、简约，面积也不宜太小。如果店院定位于小而美，那就不需要太大的面积，但在装修风格上要多花些心思。

（3）**营业规模及坪效标准**

营业规模是指店院的大小。店院的大小主要是由店院的总资产、主营业务收入、从业人员数量决定的。

坪效标准在前文已经提到过，一般美业店院的坪效标准为 1 万 ~ 2 万元，医美店院的坪效标准为 3 万 ~ 6 万元。

店院可以根据以上指标对店院的营业规模及坪效标准做出评判，并制定下一步的发展目标。

（4）**品项规划及定价**

美业店院要想提升单店盈利能力就必须做好品项规划。一个完善的、系统的品项结构包括导客项目、客提项目、高端项目和顶级项目四个项目类型。前文针对每个项目类型的规划及定价也做了详细介绍，大家可以参考其中的内容对店院的项目进行梳理和调整，做好品项规划及定价工作。

（5）**新客拓展**

新客拓展是提高单店运营的健康程度及培养新员工能力最直接的方法。所以，如果单店日均客流量过低或有新员工进店，店院运营者就应当利用相应的活动方案进行新客拓展。例如，店院可开展线上线下的全链路引流活动、全年定期 2 次以上的大型拓客活动，以及开展异业联盟等。

（6）**留客系统和会员机制**

老顾客、大顾客的开发是最快提高利润率与坪效的方法。所以，店院除了要进行新客拓展以外，还应当采取相应的措施留住老顾客，做好老顾客的维护与大顾客的开发。要实现这一点，店院就要建立完善的留客系统和会员机制。店院可以根据自己的实际情况和需求量身定制留客系统和会员机制，进而形成针对顾客的"拓、留、锁、升"闭环。

（7）**组织结构和关键岗位**

店院要想盈利，就要打造高素质团队。所以，店院还应当重视组织结构和关键岗位的建设。

关键岗位是指对店院的发展有至关重要作用的岗位，它需要根据店院的组织结构和经营特质来确定。明确关键岗位及其职责是店院运营的根本，更是店院盈利的关键。

（8）**激励机制和晋升考核机制**

只有团队的潜能被激发，业绩才能提升，店院才能盈利。人只有在被激励的时候，才有更大的动力做好一件事。所以，店院运营者应当建立完善的激励和晋升考核机制，以激发团队员工的潜力。例如，当月业绩排名第一的员工有现金奖励，奖励当年业绩排名第一的员工出国旅游等。

大多数美业店院运营者的理想是实现店院的快速扩张，开设连锁店。但快速扩张的前提是做好"从 0 到 1"的每一个细节，脚踏实地地构建好单店盈利模式，否则店院的快速扩张只是空谈。因此，如果运营者立志开设一家大型美容连锁店或者想把现有的事业版图再扩大一倍，就要对现有店院的单店盈利能力进行分析，参考以上八个要素——进行评判和调整，确保现有的每家店院的单店盈利能力有所提升。

打造新店运营样板：让新店一开业就盈利

单店盈利模式构建好以后，还需要通过打造新店运营样板来实证这套模式是否行得通，即能否让新店一开业就盈利。

美业的市场状况是大部分新店运营长达 2 年都未能盈利。老店运营得好，不代表新店就能运营得好。那么，如何才能让新店一开业就盈利呢？这其中有三大关键因素：新客成交人数、导客项目及团队稳定性。

新客成交人数

对于一家新店来说，要解决生存与盈利问题最直接的方法就是增加新客成交人数。

我们在为美业店院做咨询的过程中逐渐摸索出一个标准：新店开业的第1个月，新客成交人数必须达到100人；第2至第3个月，再成交100人；第4至第12个月再成交100人，这样店院才能正常运营。

按照这个标准，新店开业的第一年必须成交新客300人以上，这样才能确保这家新店能够实现初步盈利。从第二年开始，每年要以成交新客120人以上的速度拓展，3年总共成交新客500人以上，这样才能确保新店真正实现盈利，如图4-5所示。

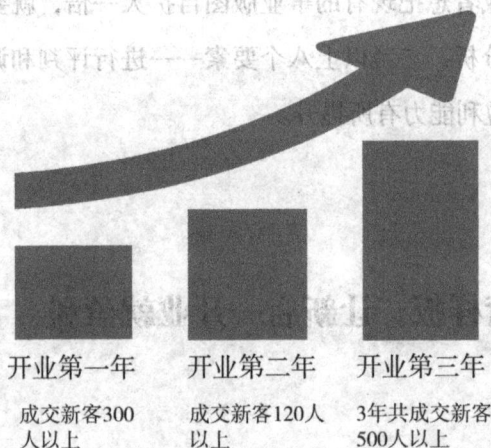

开业第一年	开业第二年	开业第三年
成交新客300人以上	成交新客120人以上	3年共成交新客500人以上

图4-5　新客成交人数标准

这是对传统店院的要求。如果是采用"轻光电""轻医美"或"网红店"模式的店院，则对新客的流量要求更高，至少是传统店院要求的 2 ~ 3 倍。

导客项目

导客项目是指为了吸引新顾客而设置的项目。常规的美业店院根据顾客的需求通常会设置 2 个导客项目：一个用于满足顾客的面部美容需求，另一个用于满足顾客的身体美容需求。

导客项目的设置有三大基本要求，如图 4-6 所示。

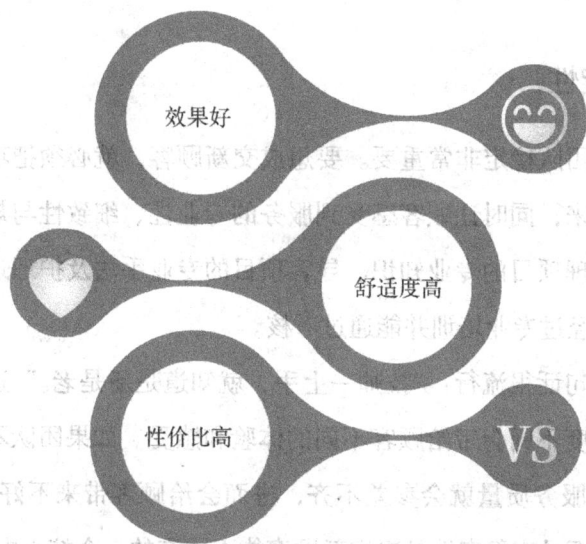

图 4-6 导客项目的三大基本要求

（1）效果好

导客项目最好能让新顾客在体验之后马上感受到强烈的效果对比，这样更容易打动顾客，促成交易。

（2）**舒适度高**

导客项目最好能让新顾客在体验之后感觉非常舒服，愿意常进店消费。

（3）**性价比高**

导客项目不能定价太高，它在店院的品项结构里一般是一个微利或无利的项目，专门用来引流。建议将导客项目的单次实收价格设定为 168 ~ 198元，10 次体验卡的价格设定为 1 680 ~ 1 980 元，会员卡最基础的档级建议设定为 3 800 元左右。新顾客因为对店院还不太了解，不可能在第一次或很短的时间内马上就消费大笔的金额。而在效果、舒适度与体验感都很好的情况下，新顾客消费 1 000 ~ 3 000 元是比较容易的。

团队稳定性

保持新店团队稳定非常重要。要想成交新顾客，就必须把项目的效果与舒适度呈现出来，同时让顾客感受到服务的专业性、细致性与规范性。这就要求员工在护理项目的专业知识、导客项目的专业手法及护理过程中的沟通技巧等方面，经过专业培训并能通过考核。

在美业有句话很流行："技师一上手，就知道是新是老。"这讲的正是技师手法的专业度不同会带给顾客不同的体验和感受。如果团队不稳定，技师为顾客提供的服务质量就会参差不齐，进而会给顾客带来不好的消费体验。所以，团队是否具有稳定性是决定新顾客能否成交的一个核心内部因素。

而这一点往往也是新店很难做好的。一般来说，一家店院的新员工保有率要达到 70% 以上才能确保团队有一定的稳定性。实际上，美业店院的现状是新员工保有率只有 30% ~ 40%，所以新开的美业店院想要确保团队保持稳定比较难。

我们通过对 100 多家美业店院的 1 000 名员工进行调研发现，美业店院的员工离职原因及对应留人策略主要有以下几点，如图 4-7 所示。

离职原因	留人策略
个人原因导致的冲动离职	建立招人选人标准
工作时间长，工作强度大	建立良好的排班制度
员工成长缓慢	建立完善的员工成长系统
晋升通路与标准不清晰	建立清晰的晋升通路和标准

图 4-7 美业店院员工离职原因和留人策略

（1）个人原因导致的冲动离职

绝大多数新员工是由于个人原因冲动离职的。例如，因为在工作中受了委屈而离职，因为个人感情问题而离职，等等。

（2）工作时间长，工作强度大

美业店院的大部分员工经常处于加班或上通班的状态。尤其是新员工在进店后的 3 个月内因为需要进行培训，这种状态更加普遍。工作时间长、工作强度大导致很多新入行的员工难以适应，进而离职。

（3）员工成长缓慢

目前美业店院在招聘环节还存在很多难以解决的问题，导致新员工的综合素质及受教育水平都不是很高。如果在新员工入职之后，店院没有对其进行系统的培训和带教，就会导致新员工成长得非常缓慢。成长缓慢不仅会给新员工带来极大的工作压力，还会导致新员工对未来的职业发展产生怀疑。这些问题都有可能导致新员工离职。

（4）晋升通路与标准不清晰

当下新开店院的制度和运营模式普遍不太完善，导致员工的晋升通路与标准不清晰。新员工一旦感觉自己在店院的职业发展路径不明确，就很容易选择离职。

不论员工因为什么原因离职，结果都是新店的团队稳定性不足，从而导致顾客的消费体验不佳。因此，新店要想一开业就盈利，店院运营者必须做好留人的工作。具体来说，店院可以从以下四点着手。

①建立招人选人标准，提前避免冲动离职情况的发生。

②建立合理的排班制度，尽量从工作时间和工作强度上减轻新员工的工作压力。

③建立完善的员工成长系统，"老带新"和理论培训同步进行。

④建立清晰的晋升通路与标准，让新员工明确职业发展前景。

店院在实际运用这四点时还要根据具体情况展开，不可盲目套用。

总体来说，要想新店一开业就盈利，店院运营者不但要提高产品和服务质量，更要做好选人、留人的工作，让团队保持一定的稳定性，为顾客提供更好的消费体验。

第 5 章

运营管理：店院总部打造及区域建模

好的运营管理模式能够让店院的运营和发展事半功倍。所以，美业店院运营者应当深入了解美业店院的运营模式，并选择适合店院的运营模式。

❖　　❖　　❖

美业店院的商业模式构建与顶层设计

一位经济学家曾说："商业模式是关系企业生死存亡、兴衰成败的大事。企业要想获得成功，就必须从制定成功的商业模式开始。成熟的企业是这样，新的企业是这样，处于发展期的企业更是如此。商业模式是企业竞争制胜的关键，是商业的本质。"

对于美业店院来说也是如此，商业模式关系到店院的"生死存亡"。

除了商业模式外，顶层设计对店院的运营和发展也至关重要。顶层设计是指店院对未来愿景、发展战略和发展规划等的总体设计，旨在通过全局性谋划确保店院各项运营活动的顺利开展。合理的顶层设计能最大限度地发挥店院的潜能和活力，让店院在后续发展的过程中有条不紊地实现目标，避免出现管理混乱等情况。

所以，店院运营管理的第一步就是构建好商业模式，做好顶层设计。

商业模式是店院制胜的关键

什么是好的商业模式?

具体来说,一个好的商业模式应当包含以下九个关键要素,如图 5-1 所示。这九个要素构成的价值和成本的此消彼长,最终决定了商业模式成功与否。

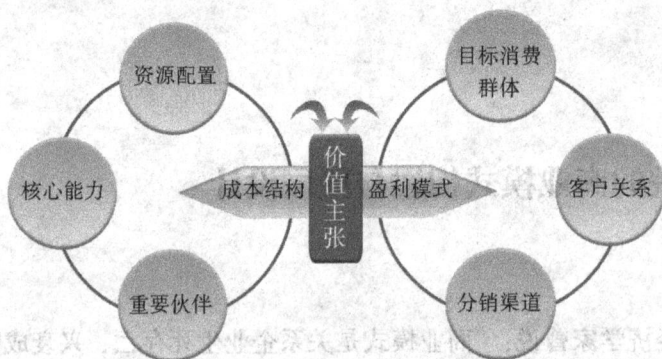

图 5-1　商业模式九要素间的结构关系

为了帮助大家进一步了解商业模式的九个要素,我们以北京小米科技有限责任公司(以下简称"小米")为例进行分析。

小米成立于 2010 年 4 月,仅用 8 年的时间,其年销售额就达到 1 200 亿元。这种增长速度非常惊人。2019 年 6 月,小米入选"2019 福布斯中国最具创新力企业榜"。

小米的快速成长源于其对商业模式九要素的合理运用。

我们从图 5-1 中可以看出,商业模式的核心要素是价值主张。价值主张是指企业通过其产品和服务向消费者提供何种价值。小米的价值主张是"高配置、低价格",这颠覆了手机行业传统的"用低端机冲击市场份额,用中高端机赚利润"的价值主张，建立了小米的核心竞争力。

提出价值主张后，运营者在设计店院的商业模式时要思考的问题是如何为消费者创造价值。要想回答这个问题，就需要做好店院基础设施的构建。基础设施主要包含三个要素：核心能力、资源配置、重要伙伴。

核心能力是指企业在长期生产运营的过程中所需的资源和能力。例如，小米的核心能力主要包括以下四个方面。

①实体资产，包括手机生产线、电商平台、不动产。

②知识产权，包括品牌、专有知识、专利等。

③人力资源，即强大的战略人力资源，如雷军、林斌、黎万强等人。

④金融资产，包括现金、期货及其他公司的相关股权。小米在香港交易及结算所有限公司的公告显示，截至 2019 年 9 月 30 日，小米投资超过 280 家公司，总账面价值达 287 亿元。

资源配置即指业务流程的安排和资源的配置。例如，小米的关键业务是"铁人三项"。

第一项：硬件，包括手机、电视、机顶盒、路由器等。

第二项：软件，包括 MIUI、小米桌面、小米 App 等。

第三项：互联网服务，包括米聊、小米云、多看阅读等。

重要伙伴是指能够为企业的发展提供较高价值的商业合作伙伴。例如，在发展的初期、中期，小米的重要合作伙伴有三个。

第一个是富士康，代小米生产手机。

第二个是凡客诚品，负责提供小米商城的物流服务。

第三个是金山软件，帮助小米进行软件开发。

以上这些基础设施可以为消费者创造价值，但是同时也引发了运营成本。所以，店院在构建基础设施之前要先确定成本结构。成本结构也称为"成本构成"，是商业模式中不可忽视的关键要素，具体是指产品或服务成本中的各项费用（如人力、原料、土地、设施设备等）所占的比例或各项成本项目占总成本的比重。例如，小米的成本结构包括手机硬件购买费用、电商平台的维护费用、广告营销费用、MIUI 等软件服务开发费用。

整体来看，小米的核心能力、资源配置、重要伙伴及成本结构是小米输出的内容。企业运营的最终目的是盈利，美业店院的运营也是如此。所以，在确定成本结构的同时，也要确定盈利模式。

盈利模式是指企业创造财富的途径。例如，小米的盈利模式主要围绕五个方面：手机硬件、周边产品、网络广告、软件服务、知识产权，这些都是小米的收入来源。那么，小米的收入来源于谁？答案很简单：客户。所以，为了创造利润，企业还要锁定目标消费群体、建立客户关系、建立分销渠道。

目标消费群体是指企业经过市场划分后所瞄准的消费群体。例如，小米对其客户进行了四个层次的细分。

第一层：大众市场，针对这一市场，提供"高配置、低价格"的产品，以满足大部分年轻客户的需求。

第二层：利基市场，针对这一市场，根据特定的需求定制产品，也即主要与中国移动、中国联通、中国电信三大运营商合作。

第三层：平台方市场，针对这一市场，为第三方服务平台或供应商提供产品。

第四层：多元化市场，针对这一市场，运营业务多元化，开发和销售手机周边产品，满足不同客户的需求。

客户关系是指企业与其目标消费群体之间建立的联系，主要包括企业与客户之间的信息沟通和反馈。例如，小米将客户关系维护分为以下六种。

①个人助理，这是较简单的一种客户关系维护，主要通过客服热线、企业电子邮件等方式与客户沟通。

②自动服务，这是指小米通过设置客户机器人，为客户提供能自助解决问题的服务。

③专用个人助理，这是指小米为高价值客户群体提供专门的服务。例如，它可以帮助客户管理日程、设置闹钟、导航、翻译等。

④共同创造，这是指小米利用客户社区和MIUI系统与潜在客户群体建立联系，采用CBMCE（社区、测试"粉丝"、量产和预售、联结、扩展）模式让客户在小米社区参与小米生态系统的开发。这个模式的作用在MIUI系统上体现得淋漓尽致，同时，MIUI的成功也印证了这种模式的厉害之处。

⑤自动化服务，这是指小米借助大数据技术为客户自动推送他们正需要的服务。

⑥社区，这是指利用小米官方论坛、MIUI官方论坛、米聊论坛等维护客户关系。

分销渠道是指企业用来接触终端消费者的各种途径。例如，小米的分销渠道主要有以下两种。

第一种是自有渠道，也就是直接渠道，主要包括销售队伍和在线销售。

第二种是合作伙伴渠道，即非直接渠道，主要包括自有店铺、批发商及合作伙伴的店铺。

以上是小米公司商业模式包含的九个要素的具体表现，这九个要素也是美业店院在设计商业模式时应当关注的关键要素。但要注意的是，店院根据自身的特点及相关情况集中对2～3个要素发力即可。例如，小米就比较侧重于维护客户关系、资源配置、分销渠道等要素。

顶层设计决定店院能走多远

不少美业店院因缺乏顶层设计而导致店院的战略规划模糊，或因为顶层设计不到位而导致店院转型失败。所以，在店院的运营管理中，顶层设计是不可忽视的重要工作。

店院的顶层设计一般要明确以下三项主要内容。

一是店院将采取什么样的运营方针和策略，这是顶层设计的基础。

二是店院将确立什么样的组织架构和股权结构，这是顶层设计的保障。

三是店院将采取什么样的资本运作方式或财务管控模式，这是顶层设计的手段。

三者合一才能推动店院不断发展。

> 2019 年 7 月 12 日，三只松鼠股份有限公司（以下简称"三只松鼠"）在深圳证券交易所创业板挂牌上市，市值为 113 亿元。人民日报曾评价三只松鼠："成功'安利'消费者养成了吃坚果的好习惯，成为下一个国货'领头羊'。"
>
> 如此亮眼的成绩，三只松鼠是怎么取得的呢？如果从顶层设计的角度来分析，答案其实很简单。
>
> 首先是资本战略的设计。
>
> 在成立之初，三只松鼠就获得了美国 IDG 资本 150 万美元的天使投资，在 2013 年又获得了 B 轮投资。截至 2019 年，三只松鼠共经历 4 轮融资，一共吸引了 4.62 亿元的投资。强大的资本赋能加速了三只松鼠的发展。
>
> 其次是品牌战略的设计。
>
> 三只松鼠的创始人章燎原认为，构建互联网食品品牌有两个核心工作：一是让供应链更短，以保证产品的新鲜度；二是要高度重视提升顾客体验。所以，在进行品牌战略设计时，章燎原抓住了以下四个要点。
>
> 一是轻松、可爱。三只松鼠的品牌商标是可爱的松鼠动漫形象，这是很多消费者都非常喜欢的一个可爱的卡通形象。

二是快。这里的快既是指追求产品的新鲜和口感，又是指消费者的购物体验。

三是提供个性化和人性化的服务，充分满足消费者对优质服务的要求和渴望。

四是提升产品的品质，让产品更可口、更具多样性。

最后是产品战略设计。

互联网时代的爆品战略是单品、量大、低价。三只松鼠在众多的坚果类产品中选择了碧根果作为其主打产品。从在淘宝和天猫商城上线开始，三只松鼠就积极利用碧根果开展促销活动。再加上高强度的广告投放，三只松鼠不仅打响了品牌，带动了销量，还一跃成为坚果类的龙头企业。

可以说，三只松鼠的成功离不开出色的顶层设计。如果在创业之初，章燎原的脑海中不存在顶层设计的理念，那么三只松鼠很可能出现无序发展、盲目运营的状况，也就很难取得成功。

很多美业店院运营者认为顶层设计是店院做大做强之后才需要考虑的事情，其实不然。对于店院来说，越早进行顶层设计，越有助于店院的有序运营和发展。

归根结底，任何不注重商业模式构建与顶层设计的企业，哪怕其在短期内具有一定的市场竞争力，也难健康、持续地运营下去，甚至可能很快就面临被市场淘汰的风险。所以，对于美业店院来说，要想拥有持久的生命力，实现营业额破亿元、破十亿元的目标，就一定要注重商业模式构建与顶层设计。当然，因为专业、学历等原因，一般美业店院运营者可能很难独立完成店院商业模式构建与顶层设计，所以建议把专业的事交给专业的人，请专业人员参与这项工作。总而言之，在运营者准备进行店院扩张之前，一定要确定店院的商业模式和顶层设计。

组建一支专业的核心高管团队

当连锁店院规模在 10 家店以内时，一个能够做出合理决策的运营者或许可以维持店院的正常运营和管理。但是，一旦店院决定加速发展与扩张，那么仅靠店院运营者的一己之力显然就不够了。店院应该根据发展与扩张的需求，组建一支 8 ~ 10 人的专业的核心高管团队，分别负责店院发展的人力资源管理、教育培训、市场营销、运营管理、企划设计、客户服务、财务管理及信息技术等方面的工作，解决店院发展及扩张时的人员招聘和培训，店院的拓客及经营，品牌的营销及推广，以及与运营相关的客服、财务及信息技术支持等问题。

一些美业店院运营者或许会说："我也想组建一支专业的核心高管团队，但是很难找到专业又适合我们店院的人才。"实际上找到专业又适合店院的人才并非一件困难的事情，关键在于店院运营者花了多少时间和精力做这件事。大多数店院运营者会将绝大多数时间和精力花在提升业绩和开发顾客上，对人才的关注比较少。这就导致很多美业店院难以找到合适的人才并组建专业的核心高管团队。

所以，店院运营者要想组建一支专业的核心高管团队，首先要转移自己的注意力，多花一点时间和精力在寻觅人才和组建高管团队上。

寻找核心高管候选人

组建一支专业的核心高管团队的首要工作是寻找合适的核心高管候选人，而这件事可以交由专业的人去做——人力资源管理人员。而且，店院运营者应将其看作店院扩张最核心的工作之一。

寻找合适的候选人一般有两种渠道：一是内部渠道，二是外部渠道。

内部渠道是指从团队内部选拔合适的人才将其晋升为高管。内部渠道的优点是费用低，能够鼓舞员工的士气，而且员工对店院的制度、文化、管理等方面比较了解，能够更快地适应新的岗位；缺点是人才来源范围小，不容易找到合适的人才，且很容易引发内部矛盾。

外部渠道是指根据对核心高管的要求从外部选拔人才。外部渠道的优点是人才来源较广，更容易找到适合店院的人才，而且外部选拔的人才会给店院带来其他企业先进的管理理念、管理方式和管理经验，提升店院运营和管理的效率；缺点是从外部选拔的人才容易使团队内部的人际关系复杂化，且不能快速适应新的岗位。

虽然内部渠道和外部渠道各有优点和缺点，但我们还是建议高管团队的人才从外部渠道选择，而不是在团队中培养。因为小树一时间很难长成大树，而且店院需要的是专业人才，因此更适合通过外部渠道选择专业人才。

当然，这并不是说一定不能在内部选择，具体如何选择需要店院根据发展的情况及团队的情况来定。

一般情况下，规模在 30 家店以内的连锁店院，对于运营、教育等部门的高管人才如果能在团队内部培养，会比较理想。因为从外部渠道招聘有美业经验、能力匹配度高，又能认同店院文化，同时还能快速融入店院的人才非常难。而对于人力资源、市场营销、客户服务、财务管理及信息技术等专业性较强的部门的高管人才，则建议通过外部渠道招聘选拔。因为这些岗位的工作人员需要具备较强的专业能力，店院内部一般很难选拔出这样的人才。

如果是规模超过 30 家店的连锁店院，建议通过外部渠道选拔专业的、管理过多家连锁店院的运营管理与教育培训人才。因为美业内管理过大型店院的职业经理人非常少，内部培养的时间长且培养出的人才未必能胜任这个岗位。其他行业的这类人才则比较多，如大型连锁餐饮、药店等的职业经理人。所以，店院完全可以通过社会招聘来完成这个任务。

让核心高管团队高效运行

只要找到合适的渠道，找到核心高管人才并将这些人才组建成一支团队就变得很简单。然而，让核心高管团队发挥作用却往往是一件困难的事情。因为核心高管团队的每一位成员都是有能力且个性突出的，要让他们互相配合、协调工作并不容易。店院运营者要想让核心高管团队高效运行，就要注意遵循以下几个原则，如图 5-2 所示。

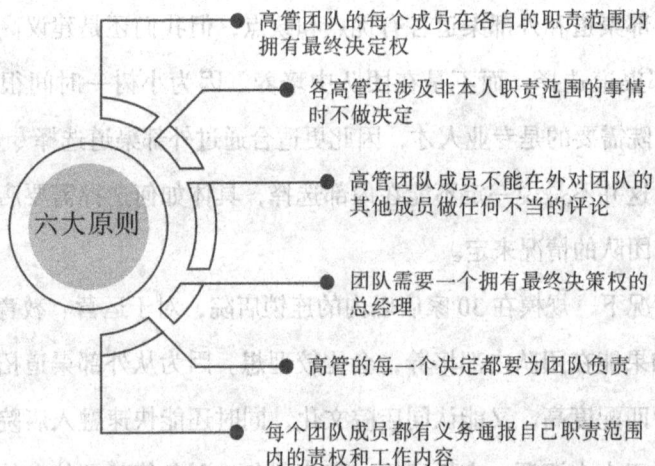

六大原则

- 高管团队的每个成员在各自的职责范围内拥有最终决定权
- 各高管在涉及非本人职责范围的事情时不做决定
- 高管团队成员不能在外对团队的其他成员做任何不当的评论
- 团队需要一个拥有最终决策权的总经理
- 高管的每一个决定都要为团队负责
- 每个团队成员都有义务通报自己职责范围内的责权和工作内容

图 5-2　核心高管团队高效运行的六大原则

（1）高管团队的每个成员在各自的职责范围内拥有最终决定权

高管团队的每个成员在他本人负责的领域中应拥有最终的决定权。这样才能树立该高管在团队其他成员心中的威信，进而使其有信心和决心做好自己职责内的工作。

（2）各高管在涉及非本人职责范围的事情时不做决定

第二个原则与第一个原则是相辅相成的。团队中各个成员要做好自己职责范围内的事情，同时也要尊重团队其他成员的职责范围，在涉及非本人职责范围的事情时不做决定。如果违背了第一条、第二条原则，容易造成团队成员关系混乱、矛盾频发，从而削弱团队的执行能力。

（3）高管团队成员不能在外对团队的其他成员做任何不当的评论

团队成员之间要团结、相互关爱，这样团队的力量才能发挥出来。所以，团队成员不能在外对团队的其他成员做任何不当的评论，这样会影响团队的和谐，不利于团队的发展及团队成员作用的有效发挥。

（4）团队需要一个拥有最终决策权的总经理

任何团队都需要一个拥有最终决策权的总经理。因为团队的每个人都有自己的想法，尤其是高管团队，团队中成员想法更多、更新。这样的团队可以碰撞出很多有创意的想法和点子，但同时也会因为想法有分歧而产生矛盾。在产生矛盾且无法统一意见时，总经理就需要站出来，统一大家的意见，这样团队才能高效运行。所以，高效的团队都应有一个拥有最终决策权的总经理。

（5）高管的每一个决定都要为团队负责

第一条原则提到，高管团队的每个成员在自己的职责范围内拥有最终决定权。但是，如果将这条原则单列出来，它有可能会被滥用。例如，高管为了自己的利益做出有利于自己的决定，或者出于报复心理做决定，这显然不利于团队和店院的发展。所以，我们还应当要求高管做每一个决定时都要为团队负责，否则就要承担一定的惩罚。

（6）每个团队成员都有义务通报自己职责范围内的责权和工作内容

这条原则实际上也是对第一条、第二条原则的补充。如果团队的每个成员在自己的职责范围内都有自主决定权，且不能干涉他人在职责范围内的自主决定权，那么他就应当让他人知道自己的职责范围内的责权和工作内容是什么。例如，市场营销部门的责权是品牌建设与推广、全链路引流及转化、各类营销活动的策划与实施等。

高管向团队中其他成员通报自己的职责范围内的责权和工作内容，一方面有利于树立自己在该职责范围的威信，另一方面有助于让相关人员配合工作。在这种状态下，高管才能顺利行使自己的权力。

无论是其他企业还是美业店院，高管的任务都非常繁杂，一个人几乎不可能全面、有效地完成。所以，如果美业店院运营者想要店院快速发展、扩张，就应当多花些时间和精力组建一支专业的核心高管团队并让团队高效运行起来。

总部管理模式建设：核心部门组建

通常情况下，营业额不超过亿元级的连锁店院的经营能力提升主要依靠运营者的格局与业务能力提升，它是以业绩为首要增长动力的。营业额超过亿元级的店院的增长则有所不同，这类店院从业绩为王转型为以组织与管理能力的提升为增长动力。

所以，连锁店院要想盈利并实现快速扩张，除了要重构单店盈利模式并打造新店运营样板外，还需要对组织结构进行升级。在这个阶段，总部要先组建几个核心部门，主要包括人力资源部门、教育部门及市场部门，如图 5-3 所示。

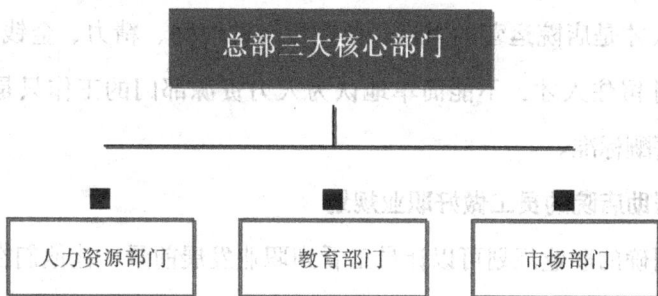

图 5-3 总部三大核心部门

人力资源部门

人力资源部门主要解决人才的入口问题，确保在店院快速发展与扩张的进程中有人才可用。很多美业店院运营者认为，人力资源部门是大公司才有的，对于店院需要人力资源部门一直持怀疑态度。事实上，随着美业市场的规范化及市场竞争的日益激烈，人才的重要性逐渐凸显。从某种程度上来说，人才决定了店院是否能够取得更好的发展，是否能够实现营业额破亿元、破十亿元的目标。由于美业的发展只经历了几十年，仍属于新兴行业，所以"人才荒"依旧是美业店院运营的瓶颈。因此，组建专业的人力资源部门、提升店院的人力资源管理水平迫在眉睫。

但是，人力资源部门的组建并不容易，不是有了人力资源管理人员就等于有了人力资源部门。在组织结构中，人力资源部门自有其工作要点，只有了解这些要点，人力资源部门才能发挥其在组织中的作用，帮助店院成功运营、发展。

（1）明确人才是店院运营的重点

美业店院要想发展和扩张，最根本、最重要的资源是人才。对人才的培养及任用是一家美业店院运营管理的重要工作。美业店院的人力资源部门一定要明确人才是店院运营的重点，要花更多的时间、精力、金钱选拔人才、培养人才并留住人才，不能简单地认为人力资源部门的工作只是招聘新员工、制定薪酬标准。

（2）帮助店院的员工做好职业规划

清晰明确的职业规划可以让员工看到职业发展前景，让他们在工作时更有热情和动力。但是，大多数美业店院的员工对自己的职业没有明确的规划，这也是美业店院人才流失严重的根本原因。所以，美业店院的人力资源部门要关注并帮助员工做好职业规划。

此外，人力资源部门还需要做好店院整体的人力资源规划、人才储备等工作。总之，人力资源部门要对人力资源进行管理，充分发挥人才的优势，助力店院发展壮大。

教育部门

店院的教育部门主要解决人才的培训与培养问题，以确保店院在快速发展与扩张的进程中有合格或优秀的人才可用。

企业经营的本质是化育人心。在人才越来越重要的时代，组建专业的教育部门、搭建高效运作的教育体系也是店院运营管理的重要工作。

美业店院的教育体系主要有三大核心功能：一是技术手法的统一及建立标准化服务流程；二是围绕岗位胜任力组织各级员工进行各种不同的培训，如心态、专业理论知识、服务手法、销售技巧、管理能力等方面；三是组织各级员工定期进行晋升考核。

那么，如何才能打造一个高效运作的教育体系呢？美业店院可以通过"立标准、分层级、建通道"三个步骤打造自有的教育体系。只有建立标准教育体系，分层分级打造与各岗位相匹配的人才，建立符合企业发展方向的人才晋升通道与机制，才能实现企业内部的"人才自造"，真正突破美业店院的人才复制难题。

（1）第一步是团队组建

连锁店院数量在10家店及以下时，教育部门的人员配置建议为3名人员，包括1名主管或经理和2名培训老师。主管或经理负责抓全局、标准化建设、团队打造及中高管的培训组织，以及部分授课和晋升考核工作；1名培训老师主攻面部保养技术，主要负责主打项目培训、晋升考核培训及老员工的突破性培训；另1名培训老师主攻身体保养技术，主要负责新员工培训和全程服务质量培训。随着店院数量的增加，培训老师的人数也需要增加，这样才能形成区域制培训的服务模式。培训老师的人数与店院数量的比例控制在1∶6至1∶8，也就是说每增加6～8家店，教育部门可以增加1名培训老师。

（2）第二步是单点突破

教育部门有很多工作要做，如新员工培训、老员工的突破性培训、主打项目培训、技术手法培训、晋升考核培训等。所以，店院在上一年的年底要做好下一年的全年培训规划，同时根据时间阶段的划分及企业的需求，按照重要程度在某个阶段集中突破某个难点。例如，每年春节过后会有一批新员工进店，那么教育部门可以在3月重点突破新员工培训，力求实现新员工进店后3个月内的保有率达到70%及以上，在导客项目中能熟练地服务顾客，业绩能实现"周破零"等目标。

（3）第三步是功能完善

教育体系的三大核心功能基本可以在一个财政年度内逐步看到成效，并最终形成教育体系标准化与流程化。教育部门要创建部门职能、岗位职责、培训流程、晋升考核机制，以及各课程的课件、视频等一系列过程资产，使任何一位培训老师进入部门后都可以按照标准化流程高效地开展工作。

为了提升教育体系的效果，我们建议店院的教育部门可以采取"自训+外训"的综合模式。自训是指店院内部安排的培训，一般由店院的管理者或团队内部的相关技术人员负责进行培训。外训是指由专业的外部培训机构对员工进行培训，外训的方式有聘请外部讲师、与外部教育培训机构合作等。

自训模式用于解决店院普通员工的复制问题，外训模式用于解决店院中高管的复制问题。

实际上，很多美业店院都存在"人的问题"，而且没有建立教育部门。这其实就是美业店院发展的一个瓶颈。要想迅速培养出基础的技能型员工，以及复合型店长、顾问等中高管，店院就需要组建自己的教育部门。

总部教育部门最核心的工作就是以岗位胜任力标准来培训人才，包括基础人才的打造和中高管人才的打造。基础人才的打造包括新员工、初中级员工突破性培训及高级员工特训；中高管人才的打造包括超级顾问特训、"千万店长"特训、职业经理人及中高管的一对一人才培养。

除此之外，教育部门还可以为员工提供创业指导等其他方面的培训。总之，总部教育部门的宗旨应当是"让美业不缺职业人才，让美业的人才走上职业发展之路"。

市场部门

市场部门是店院总部组织结构中非常重要的部分，主要解决新客拓展与新店拓展问题，以确保店院在快速发展与扩张的进程中保持合理的开店速度及盈利水平。

店院总部的市场部门一般由市场部和销售部组成。市场部负责拉近顾客与店院的产品、服务的心理距离，如新品项的开发、产品的定位和市场推广、新老产品的推广活动等工作，以吸引流量；销售部则负责拉近顾客与店院的产品、服务的物理距离，如产品、服务的销售工作，以实现流量转化。

店院总部完成三大核心部门的组建后，还要努力让三大核心部门强大起来。与此同时，还要把店院总部的其他部门组建起来并使其发挥作用。美业店院总部主要包括以下四大中心和九大职能部门。

①运营中心（生美部门、医美部门），其核心功能是充分发挥生美部门或医美部门的作用，使其利润率与坪效都能达标或超标。

②发展中心（人力资源部门、教育部门），其核心功能是招聘人才并实施培训。

③营销中心（企划部门、市场部门），其核心功能是通过各种渠道与形式的宣传，让更多终端消费者知道店院，以及店院的产品与服务，从而提升品牌影响力，实现引流新客。

④信息中心（客服部门、财务部门、IT 部门），其核心功能是通过对数据的统计与分析，以及对顾客回访等信息进行汇总与分析，为店院的运营与服务改善提出合理化建议。

店院发展到一定阶段后很容易出现组织结构滞后的问题，进而阻碍店院的发展。所以，店院要想快速发展、扩张，就要根据店院的具体情况对组织结构进行升级。良好的组织结构能够更好地服务店院，为店院创造价值。

区域运营模式建设：建立店院运营机制，制定运营管理手册

可以说，区域运营是店院复制、扩张的"黄金法则"。如果能够建立区域运营模式，那么业绩好的店院就可以被成功复制并运营。

建立店院运营机制

店院运营机制是店院内部各要素之间关系的综合，是一个有机体，可以使店院的运营活动协调、有序、高效，并且能提升店院的内在活力和对外应变能力。所以，美业店院要想发展壮大，就要建立运营机制。美业店院要重点建立以下四个运营机制，如图5-4所示。

图5-4　店院运营机制

（1）决策机制

决策机制涉及决策权利构成、决策原则、企业组织结构、岗位设置及岗位职责等内容。决策机制因店院的组织结构不同而不同。垂直化的组织结

构，权力比较集中；扁平化的组织结构，权力比较分散。所以，店院应当根据自己的组织结构建立相匹配的决策机制。

店院在建立决策机制时应当坚持以下三大原则。

①民主化原则

民主化原则是指店院运营者在做决策时不能一意孤行，要保有员工参与的权利和途径，并鼓励他们表达自己的想法。

民主化原则一方面体现了对员工的尊重，有利于提高员工的积极性；另一方面也能集众人之智，共同做出一个可行性更强的决策。

需要注意的是，在践行民主化原则的同时也要从贤不从众。店院运营者要灵活应对，既要听取众人的意见，又不能盲目从众。尤其是在涉及重大决策时，运营者更要科学严谨，考察多方影响因素，并根据自己多年来的经验和长期积累的信息综合判断，最终做出决策。

②科学化原则

科学化原则主要体现在两个方面。一方面，运营者做决策时要遵循科学规律，以充足的事实为依据；另一方面，决策要遵循科学的程序，通过对事实依据进行严密的逻辑推理，最终做出决策。

③责、权、利相结合的原则

店院在做决策时，无论是参与决策的部门还是个人，都要明确责任、权力和利益，确保在决策过程中分工明确，每个参与者的权力和责任是对等的，责任和利益是相符的。

（2）约束机制

约束机制是指店院接受宏观政策的引导，有助于增加社会效益与店院经济效益的功能体系。它是店院主动调整自身行为，使其适应各种条件的机制。

约束机制包括内部约束机制和外部约束机制。店院的内部约束机制主要体现为预算约束，即实现自负盈亏。外部约束机制主要体现为市场约束，包括供给约束、需求约束、法律约束和行政约束，其中最主要的是需求约束。

美业店院在运营过程中要考量预算约束和市场约束，以便在多变的市场中规避风险。当然，店院要想建立健全的约束机制，除了要依靠运营者的自觉以外，还需要接受严格的内外部监督，包括来自内部的股东的监督、店院员工的监督，以及来自外部的法律法规的监督。只有内外共同监督，店院才能安全运行。

（3）营销机制

营销机制是店院运营机制的核心，它是一套用于执行的系统方案，涉及的内容广泛，并且受市场环境影响较大，必须随时保持动态的可调整性。营销机制关系着店院发展目标的实现。

营销机制主要包括营销运营和品牌运营两个方面。

①营销运营

美业店院的营销运营，首先表现为关注顾客的长期价值和顾客的需求。实力不足的中小型店院与其花费大量的时间和精力开发新顾客，不如在尽全力保留老顾客的基础上开发新顾客，或者积极使用老顾客转介绍法等先积累一批顾客，再实施其他营销规划。

其次，美业店院也要学会借助互联网等新技术，采用新的营销方式，如社群营销、短视频营销、直播营销等。同时，美业店院也要告别过去单一的、无差别的营销内容，创作个性化、人性化、多样化的营销内容，以最大限度地提高转化率。

②品牌运营

很多店院认为品牌运营是店院做大做强后才需要做的事情，其实品牌是随着店院一起成长的。尤其在美业连锁店院发展的过程中，品牌更是一种能产生持久效益的软实力。美业店院在进行品牌运营时要走好以下三步。

第一步，勾画出品牌的精髓。用故事、数字等要素勾画出店院品牌的特征，让店院的价值变得具体且可感知。例如，某美业店院的品牌精髓是"××年护肤管理专家""某电视节官方指定合作伙伴"。

第二步，挖掘并表达出品牌中的感性内容。例如，三只松鼠的品牌形象为松鼠，其软萌可爱，能够击中一些喜欢可爱事物的年轻顾客群体的内心。美业店院开展品牌运营活动时也可以借鉴三只松鼠的这种策略，突出品牌中的感性内容。

第三步，打造品牌独一无二的特点。例如，某城市的美容院大部分提供的都是传统美容服务，某美容院凭借自身在生活美容领域的多年经验引入了专业的医疗美容人员，主打"轻医美"服务和项目。很快，"轻医美"成为该美容院的品牌特色。

（4）激励机制

激励机制包括激励的行为、激励的对象、晋升标准、奖励措施等，其是店院活力和员工积极性的有力支持。

美业店院的激励机制可分为正激励机制和负激励机制。

正激励机制是指通过奖赏的方式对员工进行激励，具体又可分为精神激励和物质激励。

负激励机制是指通过处罚的方式对员工进行激励，具体表现在对出现过失、错误，违反店院规章制度等给店院造成严重的经济损失或败坏店院声誉的员工或部门，分别给予警告、罚款、降职降级、辞退等处罚。

现实中，店院应以正激励机制为主。

①精神激励

精神激励是指通过一些措施对员工进行精神层面的激励，包括向员工授权、认可员工的工作成绩、为员工提供学习和发展的机会、关心员工的工作和生活、实行灵活多样的弹性工作时间制度，以及制定适合每个人的职业生涯发展道路，等等。

②物质激励

物质激励是指通过给予员工一定的物质对其进行激励的方式，包括薪酬和福利激励机制、股权激励机制等。薪酬和福利激励包括但不限于奖金、绩效、晋升、住房、餐饮、休假等奖励。股权激励主要是通过附带条件给予员工部分股东权益，让员工与店院成为利益共同体。简单来说，股权激励就是让员工把店院的事当作自己的事，通过承担更大的责任获取更大的回报。股权激励是店院激励和留住核心人才最重要、最常用的激励机制之一。

制定运营管理手册

店院运营者能够成功运营 10 家店，并不代表他能够成功运营 100 家店。那么，如何才能让店院稳步、顺利地迅速扩张？答案是制定一套标准化、规范化的运营管理手册，即把一家店成功的运营模式变成可复制、可操作的标准化运营管理手册。

美业店院的运营管理手册应当包含以下几个方面的内容。

（1）店院的选址

店院的选址在很大程度上决定了店院的流量，以及店院能否顺利运营。所以，店院的选址是店院扩张时首先要关注的因素。

下面是某美容店运营管理手册中的选址要求。

> 美容店原则上应在以下三种区域设店。
>
> 第一，繁华闹市区。该区域应当关注的重点信息包括以下方面：
>
> ①预选点的租金水平、可承租的年限等；
>
> ②周围同业竞争状况；

③预选点周围的商业设施和市场环境；

④预选点的交通状况、交通管制状况；

⑤预选点的人流量，人们使用的主要交通工具，人流的主要类型；

⑥预选点的电力、管道煤气、卫生等状况；

⑦预选点 1 千米商圈内常住人口的性别比例、年龄比例以及收入水平。

第二，高档社区（住宅区）。该区域应当关注的重点信息包括以下方面：

①预选点是否位于社区的中心区，社区是否是配套设施完善的成熟社区，预选点可承租的年限；

②预选点所在社区常住人口的职业、收入状况；

③预选点所在社区已有同类型店院的数量、经营状况、服务项目、顾客评价等；

④预选点的可见性情况，遮挡物是否过高；

⑤预选点的人流量、人流方向。

第三，混合区，指住宅与办公复合区。该区域应当关注的重点信息包括以下方面：

①预选点所处区域的办公机构数量、企业性质、经营状况、从业人员类别、员工福利；

②预选点所处区域的住宅是宿舍还是商品房，常住人口收入及职业状况；

③预选点的租金水平、可承租的年限；

④预选点的人流量、人流方向、交通便利度；

⑤预选点周围的商业配套状况、同业竞争状况。

案例中的美容店对店院的选址要求非常明确、细致，这样选出来的店址更符合店院的发展要求，也更能吸引目标顾客。店院在制定运营管理手册的选址要求时，可以参考以上选址要求。总之，选址要求越明确、细致，对店院的运营和发展越有帮助。

（2）店院的规模及装修要求

店院的规模和装修要求要在店院运营管理手册中写明，因为这也是影响店院运营的关键因素。

下面是某美容店的规模要求、装修风格及装修标准。

第一，规模要求。美容店的面积为 200～300 平方米，该面积指建筑面积，包括营业及辅助服务所占用的面积。

第二，装修风格。根据店院锁定的目标顾客群体及定位，选择及设置该顾客群体喜欢的装修风格，做到既能匹配目标顾客群体的风格调性，又能保持一定的时尚引领性与差异性。

第三，装修标准。店内的装修标准包括店院布局与动线、店院的硬装与软装等的标准。

美业店院在扩张时，应该根据单店盈利模型的八个要素中的营业规模及坪效标准、店院风格及面积来开店，建议以区域模式来发展与扩张，迅速形成品牌效应。

（3）店院的设备配置及维护

店院的设备配置也是影响运营效率的关键因素。因此，店院在运营管理手册上也应当具体描述这部分内容，其中包括仪器设备、美容设备、电器设备及家具设备的配置，如表 5-1 所示。

表 5-1　美业店院的设备配置

类别	名称
仪器设备	皮肤检测仪、离子喷雾仪、面部类仪器、身体类仪器、光电类仪器等
美容设备	美容床、美容凳、产品推车、泡浴桶、体重秤等
电器设备	空调、电视机、消毒柜、组合音响、监控设备、洗衣机、烘干机、冰箱、饮水机、热水器、电吹风等
家具设备	沙发、茶几、顾客及员工桌椅等

店院在制定这部分内容时，要提前清点店院已有的设备，然后将每一项设备的使用注意事项及维护方式写清楚，以便店院的员工快速掌握操作方法。

（4）**店院的人员配置**

员工管理是店院运营管理的核心工作，所以在店院的运营管理手册中，这部分内容需要详细、具体。

店院的人员配置需要根据店院的营业规模、经营面积及床位数来确定。通常情况下，店院可以按照表 5-2 所示的标准进行人员配置。

合理的人员配置是团队高效发挥作用的前提，更是店院迅速发展、扩张的前提。所以，店院应当制定一套可以复制的人员配置方案，以供其他分店使用。

（5）**店院的订货管理**

美业店院的运营涉及订货环节，明确、清晰的订货流程也是促进店院顺利运营的关键因素。

某美容店的订货流程如下。

每月常规补货一次：每月最后一天库存对账→确定现有库存数量→确定下月补货数量→店长下订单→补货（补至原始进货数量）。

表 5-2　美业店院的人员配置标准

营业额 员工配置（人）	3 000 万元以上	2 000 万 ~ 3 000 万元	1 000 万 ~ 2 000 万元	500 万 ~ 1 000 万元	300 万 ~ 500 万元	200 万 ~ 300 万元
店长	1	1	1	1	1	1
顾问	6	4	3	2	1	0
技师	42	28	16	12	8	6
收银员	2	2	1	1	1	1
仓储员/配料员	2	2	2	1	0	0
保洁员	3	2	2	1	1	0
小计（人）	56	39	25	18	12	8

月中不定期补货：确定现有库存数量→确定补货数量→店长下订单→补货（补至原始进货数量）。

明确、清晰的订货流程可以让店院有条不紊地订货，有效减少订错货、漏订货等问题的影响。所以，店院应当不断完善订货流程并将完善的订货流程纳入运营管理手册。

（6）仓储及配料管理

仓储及配料管理是指对仓储产品或耗材及配料产品或耗材的收发、结存等活动进行有效控制，并在此基础上对各类产品的销售及消耗状况进行分类记录的综合管理形式。仓储及配料管理的目的是保证仓储产品或耗材及配料产品或耗材完好无损，确保店院正常运营。它的考核指标通常有六个：单据完整率、交货及时率、库存准确率、库存总金额、库存周转率及重大安全事故发生率。美业店院在实际运营过程中要重点关注"欠客产品""滞销产品"，尽量减少这两类产品的数量与金额，提升库存周转率。

仓储及配料管理能够降低店院的运营成本，提高店院的供应链效率，进而提高店院的运营效率。

（7）店院的财务管理

在店院的整个运营管理过程中，财务管理贯穿始终，直接关系到店院的效率和发展水平。所以，如何做好财务管理也是每个店院运营者必须明确的事项。店院的财务管理工作主要包括核算工作与会计工作两个部分。

核算工作主要包括前台管理与信息管理两个核心工作模块。前台管理主要有收银工作的指导与监督，收银员的思想、业务与财务知识的培训，以及收银作业及收银制度规范三项核心工作。信息管理主要有数据采集与审核，以及营业数据的统计与分析两项核心工作。

会计工作主要包括报表分析、资金管理、税务管理及相关财务制度的制定与实施四个核心工作模块。报表分析主要是指对店院的利润表、现金流量表及资产负债表进行分析。资金管理主要分为收入存款管理、费用支付款项管理、银行账户管理及备用金管理。税务管理主要分为纳税申报、税收筹划、接受税务检查及参加由税务部门举办的各类法律法规学习四项工作。相关财务制度的制定与实施主要包括差旅制度、报销制度、固定资产管理制度、预算制度及与财务有关的各类内控制度的制定与实施。

（8）全程服务标准

全程服务是指从顾客进门到顾客护理结束后离开的整个服务流程。店院可以利用标准化、人性化、细节化及差异化的服务感动顾客、留住顾客，并通过制定制度形成习惯、文化，从而真正提升店院的服务水平，形成一套简单有效的用服务带动业绩的方法。

美业店院的全程服务标准主要包括以下八个方面。

> 第一，仪容仪表标准及迎宾接待礼仪。
>
> 第二，统一的环境导览介绍说明。
>
> 第三，新老顾客的一度咨询与诊断。
>
> 第四，技师的护理流程的标准化与规范化。
>
> 第五，顾问帮床的时间及沟通内容要求。
>
> 第六，技师护理中的三度回报。
>
> 第七，顾问的二度咨询与"踢单"。
>
> 第八，顾客的跟踪与服务。

店院的运营管理手册包括但不限于以上八个方面的内容，应当根据店院的实际情况，如定位、盈利模型及商业模式等来确定。但是，不管具体内容如何，店院总部制定运营管理手册后，分店都要按照手册的内容去实施，这样才能确保店院有序、顺利地运营。

从整体来看，美业店院要想实现快速扩张的目标，运营者不仅要重视商业模式构建与顶层设计、核心高管团队的组建，还要注重总部管理模式及区域运营模式的建设。以上内容都将对美业店院的高效连锁运营起到非常重要的推动作用，所以运营者必须重视。

第6章

复制扩张：多店连锁运营模式

盈利模式和复制能力是店院发展的根基。盈利模式就是店院赚钱的方式，是店院赖以生存的基础。但是，有好的盈利模式并不代表店院一定能够做强做大、长期发展。店院要想做强做大，还必须提升复制能力。

❖　　❖　　❖

团队复制：解决人的问题

团队复制是指将取得成功的团队的方法、经验、知识、能力等总结出来，形成一套简单、易学、易教的方案。相对于硬件复制如店院选址、装修设计、服务和品项等，团队复制是一件比较难做到的事情，却是店院运营者必须认真去做的事情。因为店院的成功运营离不开团队，复制扩张更离不开团队。复制高效团队相当于复制了店院的核心竞争力，能够让店院顺利、迅速地扩张。所以，店院的复制扩张首先要解决的是“人的问题”，也就是如何进行团队复制的问题。

店院数量不断增加的同时，员工数量也会随之增加。这就会导致管理的难度更大，企业文化被稀释，团队的执行效率降低。所以，店院要解决“人的问题”，首先要解决企业文化的建设、实施与传承问题，其次要做好人才的复制。

企业文化

华为公司认为，资源是会枯竭的，唯有文化才会生生不息。

企业文化是指在一定的条件下，企业在生产经营和管理活动中创造的具有该企业特色的精神财富和物质形态。我们可以将企业文化分为以下三个层次，如图6-1、图6-2所示。

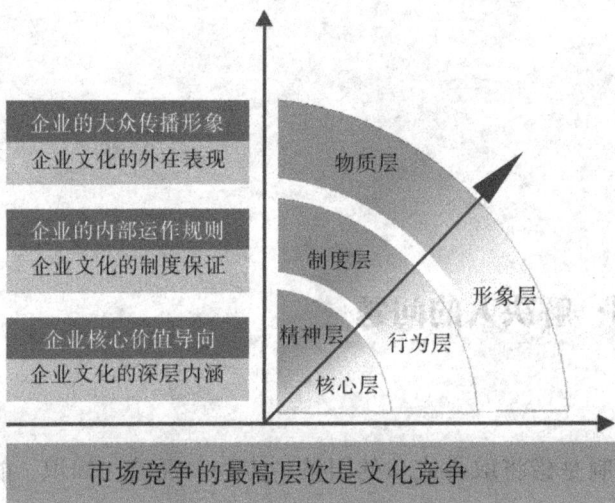

图 6-1　企业文化的三个层次

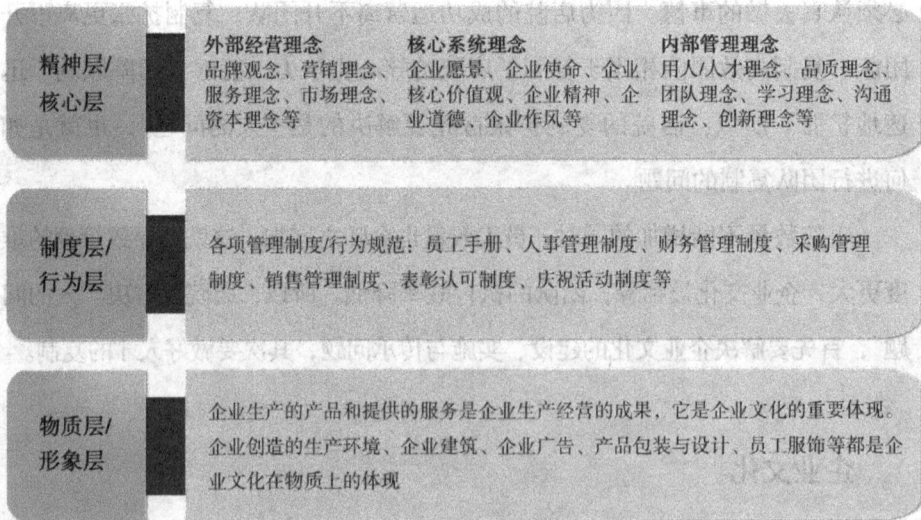

图 6-2　企业文化三个层次的具体内涵

优秀的企业文化能有效凝聚员工的情感、引领员工向上发展，对企业的方方面面产生积极的影响。具体来说，企业文化具有四大功能。

一是凝聚功能：企业文化通过统一的经营理念、企业使命、核心价值观等精神层面的指引把员工凝聚在一起。

二是约束功能：企业文化通过各项管理制度、行为规范等约束员工的行为。

三是导向功能：企业文化通过设定统一的经营目标有效引导员工朝同一个方向努力。

四是激励功能：企业文化会让每位员工都意识到自己是企业不可缺少的一部分，由此产生的自我认同会形成一股强大的力量，激励员工更积极、更努力。

任何一家美业店院要想发展壮大，都应当在企业文化的建设上花更多时间和精力。在企业文化的激励、约束和引导教育下，员工才能清楚自己应该做什么、朝着什么方向努力。这样一来，员工才能发挥潜能，团队才能强大起来，店院的核心竞争力才能不断提升。

团队复制

通常来说，店院的团队复制主要需要解决两类人才的快速复制问题。

一是中高管人才，即店长、顾问的复制。这类人才是团队复制的重点，这些人有优秀的品质与较强的能力，复制这类人才能够快速打造一个新团队。

二是基础员工的复制。团队中除了有中高管，还有基础员工。复制优秀的基础员工，有助于团队更快、更高效地运转。

无论是复制中高管人才还是复制基础员工，都应当做好以下四个方面的工作。

（1）招人：建立员工素质模型

美业店院在招聘店长、顾问等中高管时很难遇到合适的人才，基本要靠自己培养。此外，加上一些店院的运营管理水平低，教育体系处于缺失或运行得较差的状态，所以自己培养中高管的时间比较长。可以说，没有 2 ~ 3 年的时间，很难培养出一个合格的店长或顾问。同样，由于店院的教育体系薄弱，新员工的培养周期也很长。零起点的新员工基本需要培训 3 个月才能上岗，而且会常常碰到教育部门培养出来的新员工不被运营部门认同的现象。所以，招人比培养人更重要。

运营者有一项很重要的工作就是招人。运营者招高管，高管招团队成员。当运营者找到了与店院发展方向匹配的员工时，首先大家在思想上应该是统一的，这样就减少了很多内耗与不稳定性。店院需要通过组合感召、转介绍、招聘、猎头及校企合作等各种方式招聘足够多的员工，以满足店院发展中对人才的需求。

运营者可根据店院的发展需要先建立一个员工素质模型，如图 6-3 所示的心、性、品、智、能员工素质模型，这样在招人时能有一个参考标准。

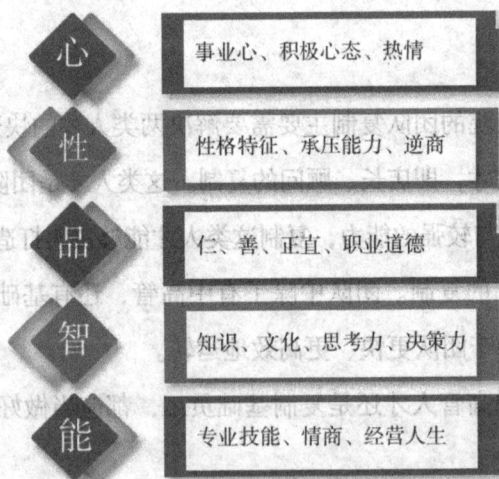

心	事业心、积极心态、热情
性	性格特征、承压能力、逆商
品	仁、善、正直、职业道德
智	知识、文化、思考力、决策力
能	专业技能、情商、经营人生

图 6-3 心、性、品、智、能员工素质模型

（2）用人：用其所长，避其所短

用人是店院运营的重中之重。然而，怎么用人是令运营者和高管很头疼的问题。用人最重要的就是用其所长，避其所短。如果运营者一味地揪着员工的缺点不放手，就永远会感觉员工不合格。

美业店院在用人时应遵循以下六大原则。

第一个原则：态度比能力更重要

美业店院基础员工的专业能力主要体现在专业知识、技术服务、沟通技巧及建立客户关系上，中高管人才的专业能力主要体现在品项销售、顾客的开发与服务、团队能力的培养与提升、报表分析、会议管理及运营管理等方面。这些能力均偏向执行层面，员工通过大量的实践就能拥有这些能力。所以，在这个层面上讲，员工的学习意愿、协作精神及主观能动性等态度比能力更重要。

第二个原则：忠诚担当

这个原则要求店院选用拥有与店院的核心价值观一致的价值观，愿意从更高层面思考本职工作，为店院着想、为领导分忧的人才。忠诚担当原则的具体含义如下。

①始终维护店院的利益。

②主动承担分内工作，不推卸责任。

③即使离开公司，也会感谢公司。要么干，要么走，绝对不混日子、不抱怨。

④关键时候不掉链子，是一个真诚向善、信守承诺的人。

第三个原则：结果导向

结果导向就是指以结果为目标，具备超强执行力，不找任何借口，努力完成任务，达成运营者期望的结果。结果导向原则的具体含义如下。

> ①完成任务等于平庸。只是按部就班地完成工作的员工大部分是平庸的。
>
> ②主动承担等于优秀。把分内工作做完，找领导主动要求承担更多工作，而不是被动等领导安排的员工，未来会有较大的发展空间。
>
> ③超越期望等于卓越。每做一件工作都追求超越标准或领导的期望，这样才能掌握未来职场的竞争力。

第四个原则：利他共赢

利他就是最大地利己。店院运营者要时刻关心员工的利益，实现店院与员工共赢，这样才能更好地激励员工，培养员工。利他共赢原则的具体含义如下。

> ①热心帮助员工是积累个人影响力、提升个人领导力的重要方式。
>
> ②把员工当作内部顾客，用心对待。

第五个原则：感恩奉献

做事先做人。一个不懂得感恩的人是一个不值得培养、没有前途的人。感恩奉献原则的具体含义如下。

> ①感恩：明确是公司成就了今天的自己。
>
> ②节约：不浪费公司的一张纸，高效利用工作中的每一分钟。
>
> ③奉献：感恩公司与上司最好的方式就是贡献自己的热情与智慧，创造价值，做出贡献。

第六个原则：创新突破

创新的事业必须由敢于创新突破的人才来干。一个具有创新精神、创新能力，敢于突破的人，才能在其所在的行业成为领军人才，才能带领企业更上一个台阶。创新突破原则的具体含义如下。

①敢于探索：对待工作有很强的求知欲望，敢于探索和寻求更好的解决办法。

②专业、专注：创新的前提是在某个领域拥有丰富的知识积累，有较高的专业水平。一个在工作中能够有所创新的人必然能够专注于工作本身，在某个领域深入钻研、创新思考。

我们在掌握了美业店院用人的六大原则后，对于如何打造一支优秀的团队就有了一定的认知。同时，我们还需要了解用人的三大禁忌，以免在打造团队时掉入陷阱。

第一个禁忌：有道德缺陷者禁用。道德比才能更重要。

第二个禁忌：业绩平庸者禁用。内心强大的人讲结果，不讲理由。

第三个禁忌：不守规则者禁用。个人英雄主义、对工作没有敬畏心、不遵守店院的规则与制度的人，不管能力多强，都坚决不用。

（3）育人：人才胜任力模型训练

具体来说，店院在对人才进行培养时要做好以下两件事。

①制定人才胜任力模型

通常情况下，人才胜任力模型包含三个方面的内容，分别是价值观、核心竞争力、岗位胜任力。

首先，人才的价值观要与店院的价值观相符，选用的人才要认同店院的文化、工作理念、工作方式等，这些是团队运营的基础。如果价值观不同，那么即使这个人能力很强，最后也有可能离开团队。

其次，人才要具备核心竞争力。核心竞争力是指该人才需要具备与其他人员不同的能力，如解决问题的独特方式、思维模式等。团队发展本质上拼的是核心竞争力，所以团队需要配备"强优势"及"差异化"的复合型人才来提升团队的核心竞争力，进而提升店院的运营效率和扩张速度。

最后，人才要具备岗位胜任力。岗位胜任力是指人才在工作岗位上所需要的知识、技能、素养等，是对员工最基本的能力要求。

店院的技师胜任力模型如图 6-4 所示。

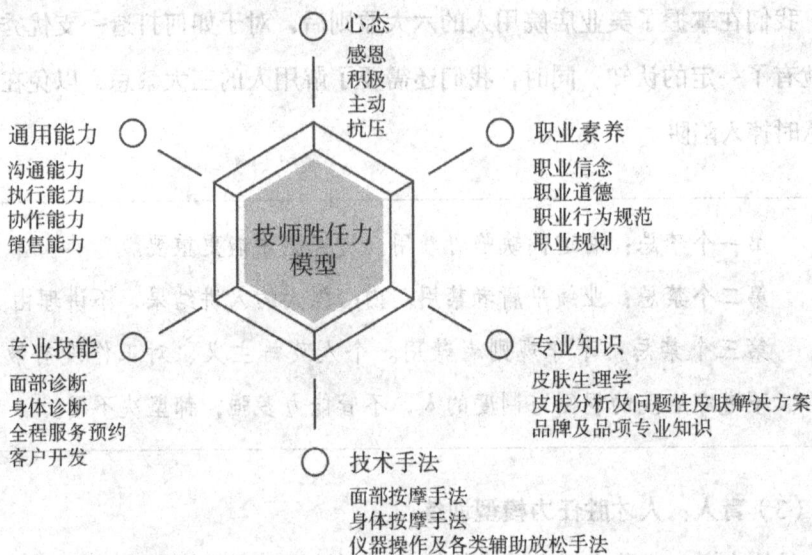

心态
感恩
积极
主动
抗压

通用能力
沟通能力
执行能力
协作能力
销售能力

技师胜任力
模型

职业素养
职业信念
职业道德
职业行为规范
职业规划

专业技能
面部诊断
身体诊断
全程服务预约
客户开发

专业知识
皮肤生理学
皮肤分析及问题性皮肤解决方案
品牌及品项专业知识

技术手法
面部按摩手法
身体按摩手法
仪器操作及各类辅助放松手法

图 6-4 技师胜任力模型

店院的中高管胜任力模型如图 6-5 所示。

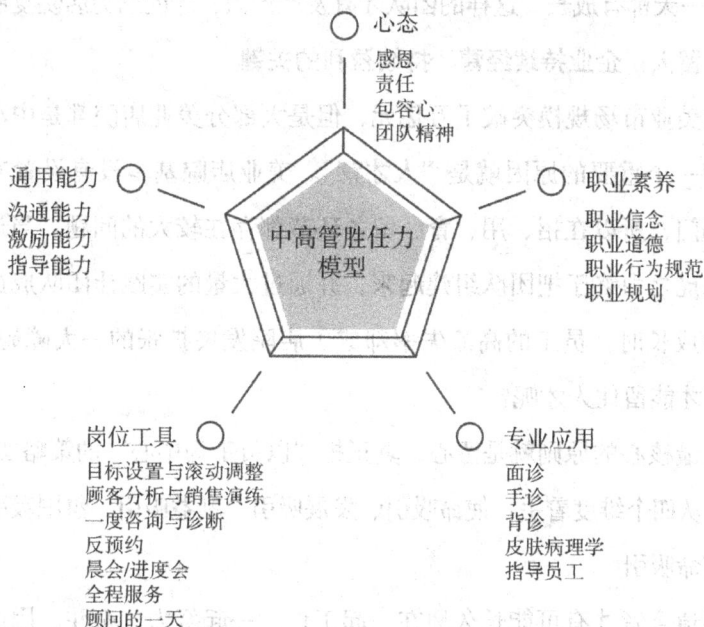

图 6-5 中高管胜任力模型

只有针对不同层级的员工搭建完善的人才胜任力模型，才能让店院在选拔和训练人才时有依据、标准，避免出现人才招聘难、训练后与工作岗位要求不匹配等情况。

②协助员工完成职业发展规划

只有员工对未来有期待，职业发展规划与店院的发展方向保持一致，他们才能更积极地工作。员工的职业发展规划包括工作知识及专业技能的提升、工作待遇的提升、岗位晋升及自我价值的实现等。店院的人力资源管理人员应根据员工的实际情况及店院的发展情况，协助员工完成职业发展规划。

当然，店院在育人方面需要做的工作还有很多，如制定激励性的薪酬制度、晋升制度，为员工提供更多的发展机会等。总之，店院要重视育人工作，让员工每一天都有成长。这样的团队才有发展潜力，才能助力店院复制扩张。

（4）留人：企业持续经营、持续盈利的关键

虽然美业市场规模突破了万亿元，但是大部分美业店院都是中小微型企业，其中一个重要的原因就是"人才荒"。美业店院基本没有设置专业的人力资源部门，所以在招、用、育、留各环节都存在较大的问题。当运营者费尽九牛二虎之力终于把团队组建起来，并通过大量的实践让团队成员迅速突破、开始成长时，员工的高流失率却成了店院发展扩张的一大障碍。那么，店院如何才能留住人才呢？

留人最核心的原则就是留心，真正把"以员工为中心"的策略实施起来，具体可以从四个维度着手：使命吸引、发展吸引、利益吸引、氛围吸引。

①使命吸引

志同道合者才有可能长久地在一起工作，一起努力、奋斗。因此，店院员工必须具备一致的价值观。

②发展吸引

这主要体现在个人成长与职业机会两大方面，能力越强，机会越多。再优秀的员工也需要机会与平台，所以店院运营者要明确每一位员工的定位，并为他们制定清晰的发展规划。

③利益吸引

这主要包括物质利益与荣誉利益两大模块。利益不仅在某种程度上是自我价值的一种体现，而且能改善员工的生活品质。对于基础员工来说，利益是留住他们的决定性因素。

④氛围吸引

工作中的愉悦感越来越受到"90后""00后"年轻群体的重视。所以，无论是工作环境，还是团队氛围或工作性质，都是能否留住员工的关键影响因素。

团队复制是一个循环往复的过程，运营者不但要将企业文化落实到日常的言谈举止中，而且要把人才的招、用、育、留"四部曲"工作做好。当运营者构建起单店盈利模式并在成功打造新店运营样板后，店院就可以通过团队复制达到快速发展与扩张的目的。

区域复制：辐射更多区域，扩大市场占有率

区域复制是美业店院在发展扩张的路上迈出的非常重要的一步。只有成功实现了区域复制，店院才能提高品牌知名度，扩大市场占有率，进而实现扩张。

下面以某酒店的扩张模式为例，深入分析店院的区域复制模式。

凭借对本土客源市场情况的把握，某酒店抢占有利地形，将首家直营店选择开设在闹市中心，并以此为据点快速扩张，逐渐将市场扩大到以浙江为核心的长三角地区。开店第二年，该酒店便拥有了 7 家门店。在之后的 6 年时间内，这家酒店在 9 个省（直辖市）的 13 个城市共开设 39 家门店。

为什么这家酒店能在短短几年时间迅速在区域内辐射开来，实现扩张？原因有以下两点。

一是这家酒店在成立之初，目标顾客群体就定位为中端商务、休闲及自助游人群，酒店意在打造"便捷、舒适、温馨服务"的商务连锁酒店形象。酒店也多开设在人群集中、交通便利的区域，以便于推广品牌，扩大影响。

二是这家酒店采取直营模式，各门店的所有员工及管理人员均由总

部宁波某集团统一配备，所有事务由总部统一协调管理。这为该酒店的区域复制提供了强大的支撑力量。

2007 年，这家酒店在上海、苏州、天津等地陆续开设门店，开始走出浙江，迈开了省外扩张的步伐。在扩张的过程中，这家酒店有条不紊，不盲目扩张，建立了清晰的以长三角地区为核心的发展战略。

随着时间的推移，这家酒店的经营方式也更多元化，在直营模式之外发展了加盟模式。该酒店不断在更多的地区和城市开设门店，企业规模越来越大，品牌效应进一步显现，获得了中国酒店行业的多项重量级大奖。

从案例中这家酒店的区域复制过程，我们可以大致了解到企业在进行区域复制时的逻辑，如图 6-6 所示。这个逻辑也可以用在美业店院的区域复制中。

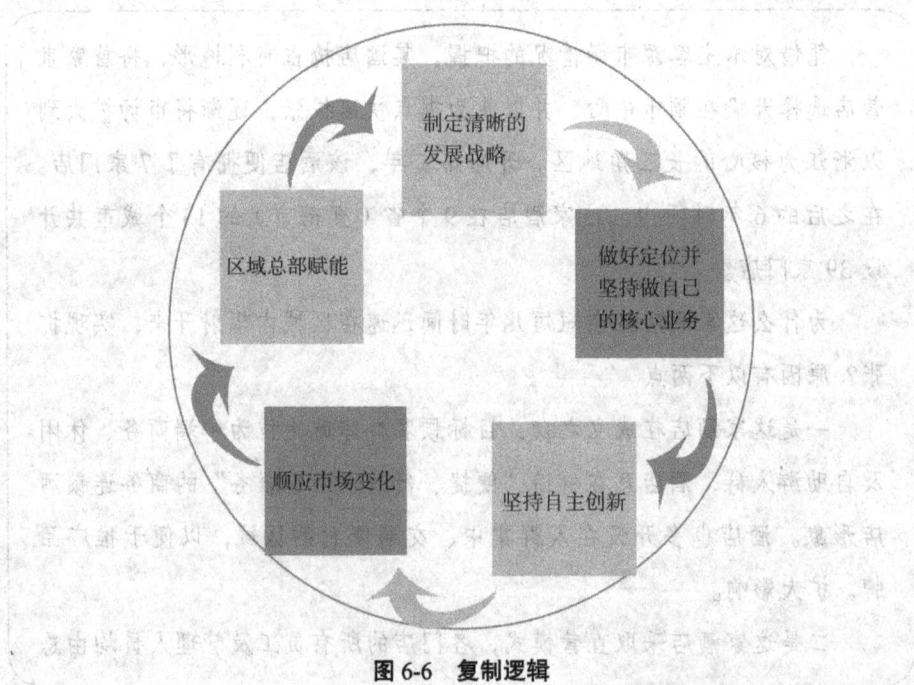

图 6-6　复制逻辑

制定清晰的发展战略

店院要实现区域复制，就一定要明确复制的方向和策略。简单地说，在复制之前要制定清晰的发展战略。

上述案例中，该酒店的发展战略是准确的定位—选址—经营模式，这其实就是一个清晰的发展战略。在这样的发展战略的指导下，酒店才知道每一步要如何做、做成什么样。

发展战略对于企业来说是风向标，能够明确企业发展的方向并推动企业不断往前走，对于美业店院来说也是如此。所以，美业店院在复制之前应当制定清晰的发展战略，明确定位、选址、经营模式等内容。发展战略越详细、具体，越有利于店院的复制，所以建议店院运营者多在这方面下功夫。

做好定位并坚持自己的核心业务

区域复制的关键是要有明确的定位且坚持做自己的核心业务。

上述案例中，这家酒店的目标顾客群体定位是中端商务、休闲及自助游人群，意在打造"便捷、舒适、温馨服务"的商务连锁酒店形象。因此，酒店也多开设在人群集中、交通便利的区域。酒店的定位准确且一直坚持做自己的核心业务，所以它很容易在顾客心中留下深刻的形象，使顾客产生认同感。

当顾客对这家酒店的认同感非常强烈时，他去另一个城市时就很有可能会选择这家酒店的直营店或加盟店入住。相反，如果酒店的定位不准且不坚持做自己的核心业务，那么顾客很可能住一次就不愿意再选择这家酒店，这样就不利于酒店的区域复制。

对于美业店院来说也是如此。店院要想实现区域复制，就必须精准定位并坚持做好自己的核心业务。

如果店院没有准确的定位和自己的核心业务，区域复制就会失去方向。例如，一家美容店是定位于小而美的细分市场，还是定位于大而全的高端会所？这两种不同的定位针对的目标顾客群肯定是不一样的，在复制的速度上也是不同的。当然，从迅速复制的角度来说，越轻的模式复制得越快。

所以，做好定位并坚持做自己的核心业务是店院区域复制的基础。前文已对店院的定位方法做过介绍，店院运营者可以据此确定自己的定位及核心业务。

坚持自主创新

纵观市场上复制迅速的企业，我们不难发现它们都是有品牌特色的企业。这些企业在复制的路上拥有一定的优势。

> 某美容店是一家拥有十几年历史的品牌美容店，在全国有上千家分店。店院刚开始发展时主营的就是细分领域的小而美疗效型的减肥项目，之后慢慢扩展到科技美容项目，后来又从女性服务转型为家庭健康管理店院。

正是由于这家美容店在每个时期都对行业发展趋势做出了正确预判，对顾客的需求变化做出了正确预测，所以它才能不断创新、与时俱进，成为行业的领先者。所以，对于店院来说，在注重服务和产品时，还要注重品牌营销与创新。但要注意的是，创新不是跟风或天马行空地推出一些新奇的品项，而是应该基于自己的资源、能力及市场需求去创新。这样的品项才能满足市场需求，加快店院复制的速度。

顺应市场变化

上文提到，店院复制应当制定清晰的发展战略。然而，这个发展战略不是一成不变的。因为市场一直在变化，顾客的需求也一直在变化，如果店院不顺应市场的变化而变化，那么复制就无从谈起。

顺应市场的变化要求店院运营者时刻关注市场行情、顾客需求的变化，一旦发现新的变化就要考虑调整发展战略。例如，发现顾客的需求趋向多元化，就要考虑是否提升店院的服务水平和引进新品项；发现年轻的顾客追求品质与高性价比，就要考虑引进海量的爆款或爆品。

当然，这并不是说市场流行什么就跟风做什么，一切都要根据店院发展的实际情况来定。例如，店院的定位是小而美，那就不需要引进太多的品项，只要坚持做好自己的核心品项并在此基础上进行一些小的创新即可。

区域总部赋能

店院区域复制有两大核心：一是有成功的单店盈利模式，二是有能为迅速复制的店院赋能的区域总部。我们在前文详细介绍了如何组建总部核心部门，以及如何建设区域运营模型，读者可以参考运用。

店院在区域复制的过程中或许会面临一些问题，但是无论遇到什么样的问题都要充满信心地将区域复制之路走下去。对于店院的复制而言，区域复制成功了，就等于店院的复制之路成功了，因为我们可以套用成功的区域复制模式进一步迅速复制。

应用高科技，提高店院扩张的效率

前文提到，美业店院运营的七大困境之一是高科技应用少，店院扩张速度慢。所以，店院要想快速扩张，还应当应用高科技提高店院扩张的效率。

中国企业家俱乐部理事王文京认为："任何一个时代的商业都受到所处时代技术的影响。现阶段，移动互联网、云计算、大数据、人工智能、物联网、区块链六大技术正在全方位改变我们所处的商业环境，改变当代企业的运营和管理模式。研究认为，预计到2035年，人工智能能够把整个行业的平均引领能力提升38%，劳动生产力可以提升80%以上。由此可见，人工智能对企业运营有巨大的推动作用。人工智能对企业运营的改变包括使业务流程自动化、知识管理工作自动化及管理本身智能化，包括从数据采集到反馈、监控、评估，再到分析预测及决策的智能化。"

可以说，高科技对企业运营的影响是极其深远的。例如，过去财务的报账过程较烦琐，效率较低，如今的智能报账既轻松又高效；过去企业招聘员工要花费巨大的时间和精力考察面试者的能力、素质和性格等，如今的人工智能测评能够实现自动化智能测评，帮助企业快速选出合适的人才。

所以，在店院扩张的过程中，运营者一定要注重对移动互联网、云计算、大数据、人工智能、物联网等高科技的应用，以提高店院扩张的效率。

亚马逊公司（以下简称"亚马逊"）是最懂得利用大数据技术挖掘信息背后的价值的公司之一。

一直以来，亚马逊都非常重视对用户购买行为数据进行记录和分析。例如，亚马逊用户会收到平台关于"购买了 A 商品的人，也同时购买了 B 商品"的推荐，这个推荐会让用户买了 A 商品之后再购买 B 商品。此外，亚马逊还会根据用户的需求不断更新设计方案。用户在浏览亚马逊网站时很有可能会认为其中某个页面的某段文字只是碰巧出现的，但实际上这是亚马逊通过大量数据分析、不断测试之后找到的转化率比较高的方案。

2019 年 7 月，亚马逊入选 2019 年《财富》杂志世界 500 强。在"2019 年度全球最具价值 100 大品牌榜"中，亚马逊位列第三位。亚马逊之所以能够取得这样的成就，很大程度要归功于它对大数据技术的使用。

从亚马逊的案例中，我们可以看出高科技给企业带来的帮助。如果美业店院能够将合适的高科技投入店院的运营，那么店院未来的发展将如虎添翼。所以，美业店院应当把握时代的趋势，在店院的运营中引入高科技。

美业店院应在以下几个方面实现高科技应用，如图 6-7 所示。

选址的智能化

运营管理的智能化

顾客服务的智能化

员工管理的智能化

产品、项目或仪器的智能化

图 6-7　美业店院的高科技应用方向

选址的智能化

美业店院可以运用大数据技术进行选址，也就是指利用大数据技术选择店铺地址，以确保店院一开业就有较大的人流量，从而顺利运营。

> 阿里巴巴旗下以数据和技术驱动的新零售平台盒马鲜生在选择店铺地址时就使用了大数据技术。盒马鲜生的地址是由周边地区支付宝的活跃用户数量及用户购买力决定的，这在一定程度上打破了固有的商业选址模式。

盒马鲜生借助大数据技术实现了精准选址。美业店院也可以采用这种技术进行精准选址，以确保新店的客流量，维持店院的健康运营。

运营管理的智能化

一些美业店院的管理比较混乱，主要原因是没有建立系统化、标准化的运营体系，运营数据也残缺不全、不准确。在这样的管理下，店院自然难以健康地运营发展。

美业店院可以借助一些智能化信息交流平台实现销售、库存、采购等信息的共享，实现智能化的运营管理，解决管理混乱的问题。

顾客服务的智能化

顾客服务的智能化主要体现为借助大数据技术对顾客的需求、消费能力进行预测，然后向其精准推荐产品或服务。

浙江某智能化护理中心借助智能化设备为顾客提供智能化的服务。顾客进店 3 秒后，面部识别仪就能够自动识别顾客信息，一体机会自动弹出顾客档案，包括顾客的喜好、禁忌、喜欢的音乐、护理需求、灯光要求及技术要求等。

这种智能化的服务不仅能够满足顾客的需求，还能够提升顾客的消费体验。在这样的消费场景下，顾客的满意度和消费体验均会提升，从而很有可能成为店院的忠实顾客。

员工管理的智能化

员工管理的智能化主要体现为借助信息管理系统对员工信息进行动态管理、个性化管理。

某美容店建立了员工信息管理系统，能够从用人计划、面试评价、录用入职、岗位调整、薪酬调整、加班、请假等各方面进行全面、动态的员工信息管理。同时，员工信息管理系统还能对员工进行个性化管理，如围绕岗位胜任力及要求定期提醒员工在学习、工作、绩效等方面取得的成绩与存在的不足，助力员工快速成长。

上述美容店的员工信息管理系统就借助了信息化管理技术，能够在很大程度上提升员工管理效率。

产品、项目或仪器的智能化

产品、项目或仪器的智能化主要体现为美业店院积极引进先进的智能化产品、项目或仪器。

> 某美容店引进了一台智能美容个护仪。该仪器可以根据顾客的皮肤性质及顾客的需求科学设置使用时长，并能自动调节功率，提供贴心语音指导。此外，该仪器还能提示顾客的皮肤状态，让顾客可以自己搭配服务项目。例如，这段时间顾客需要祛痘或者想美白，仪器会提示顾客需要购买什么成分的护肤品才能满足需求。这种智能化仪器结合店院产品体系为顾客精准推荐产品，能够大大提升店院的业绩。

如果店院能够引进类似的智能化产品、项目或仪器，那么不仅能够极大地满足顾客的内心诉求并提升其体验感，同时也能降低技师的工作难度。

当前美业店院扩张难与大部分店院缺乏高科技应用，难以实现数据化、智能化的管理是分不开的。即使美业店院的资金雄厚、员工多，如果不利用高科技的运营管理手段，运营者想实现美业店院的扩张也会困难重重。

第7章

迅速裂变：整合资源，做大蛋糕

任何企业的资源都是有限的。所以，店院要想获得长远的利益，快速发展、裂变，就需要借助外部资源并对资源进行整合，为店院的发展提供更多机会。

✤　　✤　　✤

资本整合模式

资本整合在店院的裂变中起到了非常重要的作用。通过资本整合，店院可以提升资本运作的效率，进而提升发展、扩张的速度。

资本整合模式主要包括融资和上市两种类型。

融资

店院融资是指以店院为主体融通资金，使店院及内部各个环节之间的资金供求由不平衡到平衡的过程，具体表现在店院出现资金短缺情况时尽力以最小的代价筹集到所需的资金。

截至 2019 年，互联网医美平台新氧已经完成了 7 轮融资，累计融资超过 15 亿元。

谈及融资的原因，新氧创始人兼首席执行官金星说："主要是出于战略和业务发展的考虑，新股东的加入让新氧的投方阵营更具实力。"

新氧将融资主要用于三个方面：一是服务升级，新氧平台将为用户提供全流程、高品质的管家级服务；二是新业务的探索和孵化，包括美学 AI 诊疗体系的建立、供应链效率的提升，如"新氧魔镜"，AI 可以为用户提供更准确的建议，打通"诊疗—选项目—选医院和医生—到店服务—恢复"全流程，可以为用户提供更准确及时的资讯与服务；三是扩大团队，引进更多优秀的人才。

融资助力新氧升级服务、探索孵化新业务及扩大团队，这三个方面能力的提升成为新氧发展壮大的核心力量。可以说，融资进一步加速了新氧的发展。所以，美业店院要想通过资本整合实现扩张、裂变，可以选择融资这种方式。

通常来说，店院融资的渠道主要有两种，一是内源融资，二是外源融资。

内源融资是指用店院的自有资金和运营过程中的资金对自己进行投资，这些资金主要由留存收益和折旧构成，如不动产抵押、应收账款等。内源融资相对来说成本比较低，风险也比较低，所以是店院融资的首选渠道。但是，内源融资能力受到店院的盈利能力、净资产规模和未来收益预期等各种因素的制约，很多美业店院并不具备内源融资能力。

外源融资是指向其他经济主体筹集资金的过程，如银行贷款、发行股票和企业债券等。外源融资虽然资金来源广泛、使用方式灵活多变，但融资条件严格、融资成本高、风险大，所以一般只有当店院不具备内源融资能力或者内源融资无法满足店院的发展需求时，店院才会转向外源融资。

所以，店院在筹集资金时不能盲目，而应根据自身的经营规模、经营状况、资金拥有状况及店院未来的发展需求，通过科学的预算和决策，采取恰当的方式从正规的渠道筹集资金。如果为了融资不惜一切代价，甚至进行财务造假，那么店院的融资之路必定会走向失败，甚至店院的发展也可能走向终点。

上市

上市通常是指首次公开募股，也就是企业通过证券交易所首次公开向投资者增发股票以募集企业发展资金的过程。

当店院的市场占有率不断提升到一定的水平时，店院就会走上上市之路，以募集更多资金，助力店院不断发展、扩张。

实际上，上市不仅可以帮助店院募集资金，还能够让企业的发展进入新阶段，获得更多发展机遇。

2018年，某互联网电商平台在纳斯达克上市。上市后，该电商平台有了资金的助力，发展势头十分强劲。该电商平台2019年第一季度财报显示：在截至2019年3月31日的12个月间，平台成交总额达5 574亿元，较上一年同期的1 987亿元同比增长181%。截至2019年3月底，该电商平台年活跃买家数达4.433亿家，较上一年同期的2.949亿家净增1.484亿家，同比增长超过50%。

对于美业店院来说，如果时机成熟，满足上市的条件，就可以通过上市这种方式迅速将企业壮大。运营者可以参考《中华人民共和国证券法》中关于企业上市的相关要求，也可以向专业的人士和机构咨询上市的条件。对相关信息了解得越详细，店院能够为上市做的准备就越充分，就能越快走上上市之路。

很多店院希望借助资本整合的方式实现快速裂变，但无论是融资还是上市，店院都需要满足一定的条件。所以，店院要想通过资本整合实现快速裂变，首先要提升店院的实力，增加店院融资和上市的自有资本。

人力资源整合模型

市场竞争的核心是人才竞争。人力资源是店院扩张的有力"武器"，店院要想实现快速扩张，除了整合资本，还要整合人力资源。

人力资源整合是指店院依据运营战略引导员工的目标与店院的发展目标保持一致，同时对人力资源进行最优配置。

美业店院的人力资源整合主要是指两类人才的引进和整合，一是职业经理人，二是事业合伙人，如图 7-1 所示。

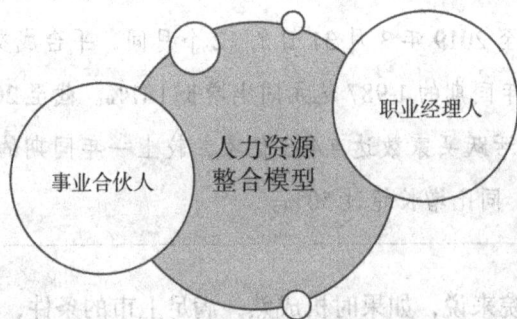

图 7-1　人力资源整合的两类人才

职业经理人

职业经理人是指将运营管理工作作为长期职业，具备一定职业素质和职业能力并掌握了店院运营权和管理权的群体。

职业经理人在店院发展过程中的作用有以下几点。

一是帮助店院确定发展目标，制定战略规划。

二是帮助店院创造价值。大多数职业经理人是某个行业或领域的专家，他们可以利用专业的知识、技能为店院出谋划策，使店院发展壮大。

三是优秀的职业经理人懂得审时度势，能够及时了解市场的最新动态，并顺应市场发展调整店院的发展目标和战略，帮助店院规避风险。

四是帮助店院建立平衡机制，优化店院的资源配置，推动店院快速发展和扩张。

可以说，在店院的迅速裂变过程中，拥有丰富经验和专业背景的职业经理人将成为店院裂变的核心动力。那么，美业店院如何引进能促进店院发展、裂变的职业经理人呢？

店院主要通过以下两种方式引进职业经理人。

一是内部培养，指从现有团队中选拔一名符合职业经理人标准的员工进行培养。

二是外部引进，指通过广泛的社会招聘进行选拔、聘用，如在招聘平台发布招聘信息，通过社群进行招聘，借助猎头机构进行招聘等。

职业经理人因在管理、业务、运营等方面有一定的经验或专长，所以是很多企业物色高管时的主要考察对象。但是，职业经理人也有一定的缺点，如难以较快地认同店院的企业文化和融入团队。所以，美业店院在选择职业经理人时要谨慎。

事业合伙人

引进合适的、强大的事业合伙人，能够帮助店院以快速、有效的方式实现裂变。店院在引进事业合伙人之前必须建立完善的事业合伙人制度，让引进的事业合伙人的工作有章可循。事业合伙人制度主要包括以下三个部分：

一是合伙人持股计划；

二是事业跟投计划；

三是事业合伙人管理，将组织结构转变成扁平化的结构，而非科层化结构。

我们来看一下万科企业股份有限公司（以下简称"万科"）的事业合伙人制度。

万科的事业合伙人制度包括两个部分：持股计划和项目跟投。

（1）持股计划

万科首批1 320位事业合伙人将他们从公司分得的特殊奖金汇聚起来，通过盈安合伙这个持股平台在公开市场购买万科的股票。用奖金购买股票，这个设计非常巧妙。

首先是买股票。这让员工不仅共享工资、奖金的收益，也共担盈亏和涨跌的风险。

其次是只能用奖金买。这个举措表明万科只与为企业做出突出贡献的员工做事业合伙人。

（2）项目跟投

针对各地的地产项目，万科的事业合伙人计划推出了项目跟投制度。

万科规定，对每个具体的地产项目，项目所在的区域公司、城市公司的管理层及项目的管理团队必须参与投资，其他员工自愿参与。

自从万科设置了项目跟投制度，运营团队就更加努力地寻找回报率高的项目，从而大大缩短了从拿地到开盘所需的时间，最重要的是使跟投员工的工作积极性得到了极大的提升。

万科采用持股计划与优秀员工绑定长期利益，再用项目跟投制度与项目团队分享利益。利用这种方式能更大限度地整合人力资源，并发挥人力资源的作用。美业店院在整合人力资源时也可以参考这种模式。

一般来说，店院引进事业合伙人的主要目的是希望对方提供一定的资金、实物或技术方面的支持。所以，店院在引进事业合伙人时要认真审查对方的资源、实力，弄清楚对方是否符合事业合伙人的标准。

事业合伙人的选择一般有以下几个标准。

一是价值观取向正确。店院的事业合伙人一定是与店院的文化、发展方向、经营观念接近的人，这样双方才容易达成共识，在处理运营、发展过程中遇到的问题时也能事半功倍。

二是能力互补。团队的每个成员都有自己的短板，短板太短会阻碍店院的发展、扩张。所以，事业合伙人最好可以引进与现有成员能力互补的人。

三是互相信任。互相信任是合作的基础和前提。所以，寻找事业合伙人时一定要引进能够建立信任关系的人。

四是善于沟通。店院发展中的很多问题都是人的问题，而这类问题的出现通常是沟通不畅导致的。所以，事业合伙人应当是善于沟通的人，能够通过沟通处理运营过程中的大小问题，而且能够做出正确的决策。

五是资金投入。事业合伙人最好是能投入资金的人，这一方面代表了事业合伙人的诚意，另一方面能够增强店院的经济实力，助力店院迅速裂变。

六是承担风险。事业合伙人与店院共享利益，但同时也承担了一定的风险。所以，事业合伙人需要有共同承担风险的意识和勇气，不能出了问题就退股。

七是遵守规则。无论是什么形式的合作，双方都必须遵守合作规则，尤其是涉及资金的合作，如股权分配。所以，店院在引进事业合伙人时需要制定明确的事业合伙人规则并将规则明确告知对方，双方确定无异议之后再达成合作关系。

店院在裂变的过程中需要有能共担风险的事业合伙人。当然，店院也要与这些人共享利益，这样才能实现双赢。

引进优秀的职业经理人和事业合伙人是店院常用的两种人力资源整合形式，它们可以单用，也可以合用。具体采取哪种形式进行人力资源整合，要根据店院的实际情况来定。无论采取哪种形式，其本质都是整合并得到更优质的人力资源。

上下游资源整合模式

上下游资源整合是指围绕美业店院的扩张与裂变，向上整合供应链以保证品项和服务的品质与成本可控，平行整合区域内的其他店院以保证扩张及裂变的速度与投入产出的速度，向下整合终端顾客以保证流量与运营。这种模式比较适合已有一定体量的美业店院，如营业额破亿元的美业店院。

上下游资源整合模式有兼并、收购及联盟三种类型，如图 7-2 所示。

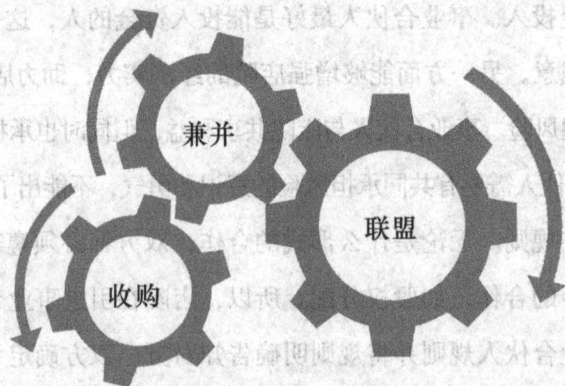

图 7-2　上下游资源整合模式的三种类型

兼并

企业兼并是指两家或更多独立的企业、公司合并组成一家企业，通常由一家占优势的公司吸收一家或更多的公司。

所以，店院兼并不是简单的行政性合并，而是指店院以现金方式购买被兼并的店院，或者通过承担被兼并店院的全部债权、债务取得该店院的全部产权。所以，店院实施兼并的核心工作是确定被兼并店院全部产权的价格。

收购

除了兼并以外，店院也可以通过收购的方式整合资源，以获得更多战略机会，发挥协同效应，扩大市场规模，优化资源结构，等等。例如，阿里巴巴在2014年以5.86亿美元收购了微博18%的股份，为淘宝和天猫带来了巨大的流量，提升了后期的盈利空间。

下面是国际商用机器公司（IBM）收购红帽公司的案例。

> 2018年10月，IBM以约340亿美元的价格收购了红帽公司。
>
> IBM在传统数据中心市场上的地位和重要性毋庸置疑。但是，随着云计算、开源技术的兴起，IBM的核心业务也面临着冲击。为了能够继续保持市场优势和发展动力，IBM决意收购红帽公司以实现资源互补。红帽公司主要从事开源操作系统Linux的开发和销售，并以订阅模式快速进入人们的视线，同时也提供云计算的全软件堆栈。
>
> 此次收购促使两家公司在云计算业务领域开展了更多、更深入的工作。从事件本身的轰动效应及对IT行业未来发展的影响程度来看，IBM收购红帽公司具有相当深远的意义。

对于美业店院来说，要想将"触角"伸到自己并不擅长但能与自己形成互补优势的领域，采取收购的方式可以说是一种"智取"。

联盟

联盟是指两个以上的店院品牌为了实现某个共同的发展策略而结成盟友，相互自主地进行互补性资源交换，形成一种持续而正式的合作关系。例如，可口可乐公司与腾讯就结成了战略合作伙伴关系。

对于美业店院来说，以上三种上下游资源整合类型都可以用于自己店院的发展、扩张。当然，美业店院要综合判断自己当前的资源和能力，了解选择哪种资源整合类型才是与自身最匹配的，既不能盲目冒进，也不要过于谨小慎微。

让美业不缺亿元大企

今天，我终于完成了《赢在美业》的写作。

此时此刻，回想自己从业 20 多年的经历，回想康妮咨询从 0 到 1 的发展过程，我百感交集。

迄今为止，康妮咨询服务过的企业超过 1 000 家，为美业培训人才超过 10 万人，已成功打造了 300 家"千万店"，助力行业企业业绩增长超过 100 亿元。为了帮助更多美业店院快速发展，我对康妮咨询近年来在美业店院升级打造之路上积累的经验、方法和技巧进行了系统梳理，历经一年时间，终于完成了这本书的写作。

作为一家利基定位为"只为美业企业服务"的管理咨询公司，康妮咨询始终把帮助美业店院实现营业额破亿元、破十亿元的目标作为自己的目标，把帮助更多美业店院获得成功当作自己的成功，我们希望能成为一家对美业有贡献的公司。

具体地说，康妮咨询帮助美业企业营业额破亿元、破十亿元的初心源于以下三个原因。

（1）美业市场机会巨大

从前文的数据和分析中可以看到，美业的市场规模是令人惊喜的，应当有不少店院可以实现营业额破亿元、破十亿元的目标。但现实是美业中的大部分店院都是中小微型店院，百亿元级的店院几乎没有，几十亿元级的店院凤毛麟角，亿元级的店院也屈指可数。

虽然目前很多美业店院的营业额没有突破亿元，但是这并不代表它们以后不能突破亿元。对于美业店院来说，上文提到的众多数据预示着巨大的发展空间和机会。在这个行业中，尚未有龙头店院崛起。也就是说，谁能够先规范起来，谁能够先有效整合资源，谁就有可能成为龙头店院。

（2）行业发展出现了关键拐点

任何行业在发展初期都会呈现野蛮生长的状态，因为这时进入市场的门槛低、竞争小、发展空间大、利润率高、相关政策法规管控弱、行业集中度低。但是，当整个行业发展到一定阶段时，情况就会发生很大的转变。

行业发展到一定阶段，国家的政策法规管控会更加严格，行业竞争会更加激烈，企业的利润率会由于规范化与成本的升高而降低，行业集中度会慢慢升高。这些情况将导致经营不善的企业倒闭，行业巨头将逐渐形成。

站在这个拐点处，企业要面临的选择是被淘汰还是成为亿元大企。

从美业的发展现状来看，美业刚好走到了两极分化、重新洗牌的拐点。此时美业店院面临的是巨大的挑战和机遇，可以说是"生死抉择"的关键时刻。康妮咨询希望能够在这个关键节点帮助有远大理想的美业店院运营者抓住机遇，突破店院发展的瓶颈，实现营业额破亿元、破十亿元的目标。

（3）行业地位需要美业大企助力提升

无论哪个行业，行业地位往往都是由这个行业的龙头企业的地位决定的。龙头企业的地位与话事权又是由这个企业的规模与社会贡献决定的。

所以，康妮咨询的最终目标是通过我们的努力，打造、推动美业出现一批亿元级甚至十亿元级的店院，进而通过这些龙头店院地位的提升促进美业行业地位的提升。

这是一条孤独的路，也是一条充满使命感的路。这条路上可能布满荆棘，但我们依然无畏前行。

最后，感谢在本书创作过程中帮助我整理资料、提供案例的康妮咨询团队的所有成员，感谢长期以来支持我们的战略合作伙伴——海南红瑞集团、香港呈美集团、浙江福韵施健康管理有限公司及湖南索菲亚美业集团，希望后续我们可以一起创作更多助力美业店院成长、发展的专业工具书。